DIÁLOGOS SOBRE LA PRÁCTICA
DEL FEDERALISMO FISCAL:
PERSPECTIVAS COMPARATIVAS

Publicaciones disponibles

Algunas publicaciones del Diálogo global están disponibles en otros idiomas
como alemán, árabe, español y francés. Para mayor información sobre las exis-
tencias, visite www.forumfed.org.

Un diálogo global sobre el federalismo
Colección de cuadernos
Volumen 4

DIÁLOGOS SOBRE LA PRÁCTICA DEL FEDERALISMO FISCAL: PERSPECTIVAS COMPARATIVAS

COMPILADORES:
RAOUL BLINDENBACHER /
ABIGAIL OSTIEN KAROS

Traducido por Virginia Aguirre / Gonzalo Celorio Morayta
Celorio Morayta, servicios especializados de idiomas

Una publicación de

Foro de Federaciones

y

iacfs
INTERNATIONAL ASSOCIATION OF
CENTERS FOR FEDERAL STUDIES

Esta publicación fue posible gracias al generoso apoyo financiero del Gobierno de Canadá, el Instituto del Banco Mundial, la Agencia Suiza para el Desarrollo y la Cooperación, y la Secretaria de Finanzas del estado de Bahia, Brasil.

Library and Archives Canada Cataloguing in Publication

Diálogos sobre la práctica del federalismo fiscal : perspectivas comparativas / compiladores, Raoul Blindenbacher y Abigail Ostien Karos ; traducido por CM Idiomas.

(Diálogo global sobre el federalismo : colección de cuadernos ; v. 4)
Translation of: Dialogues on the practice of fiscal federalism.
ISBN 978-0-7735-3316-5

     1. Intergovernmental fiscal relations. 2. Federal government.
I. Blindenbacher, Raoul II. Ostien, Abigail, 1971- III. Forum of Federations IV. International Association of Centers for Federal Studies
V. CM Idiomas VI. Series.

HJ141.D5218 2007   336   C2007-901638-3

Impreso y encuadernado en Canadá por Imprimerie Gauvin.

Índice

Prefacio

Con el cuaderno "Diálogos sobre la práctica del federalismo fiscal: perspectivas comparativas", la colección *Diálogo global sobre el federalismo* concluye su cuarto volumen temático. La serie, hasta ahora conformada por libros y sus respectivos cuadernos sobre constituciones federales, distribución de facultades, e instituciones legislativas, ejecutivas y judiciales en los países federales se ha convertido en una publicación de referencia con reconocimiento internacional, ampliamente consultada por políticos, servidores públicos, académicos y estudiantes. Sin duda, el éxito de las publicaciones se debe al proceso de su preparación. A la fecha, han participado más de mil profesionales y académicos en más de 50 fructíferos diálogos celebrados en 20 países alrededor del mundo. Además del número creciente de lectores que se benefician de estos volúmenes comparativos, la notoriedad de la colección aumenta al exponerla en las conferencias internacionales sobre federalismo. Los textos ya publicados se usarán para preparar el contenido de la Cuarta Conferencia Internacional sobre Federalismo, que se llevará a cabo en Nueva Delhi, India en 2007.

El proceso que se sigue para producir la colección es el resultado de un proyecto más vasto llamado *Un diálogo global sobre el federalismo*. Este programa, en el que se hace un análisis temático de la gobernabilidad federal, tiene por objeto reunir a expertos para proponer nuevas ideas y llenar un vacío en la bibliografía comparativa sobre gobernabilidad federal. Cada proceso consta de varias etapas, la primera de las cuales es la selección de un "tema eje". Con base en las investigaciones más recientes, la tarea consiste en elaborar una serie de preguntas, de alcance internacional, que aborden las disposiciones institucionales y su funcionamiento en la práctica. Estas series de preguntas son el fundamento del programa, pues guían el diálogo en las mesas redondas y aseguran la uniformidad en los capítulos de los libros. Las mesas en sí están dirigidas por "coordinadores nacionales" y se llevan a cabo simultáneamente en una docena de países federales seleccionados. Para ofrecer un panorama lo más preciso posible del tema en cada país, los coordinadores nacionales invitan a un selecto grupo de expertos profesionales y académicos con opiniones y experiencias diversas, quienes están preparados para sostener un intercambio con otros colegas y aprender de ellos en un ambiente no politizado. Finalmente, los coordinadores cuentan con lo necesario para escribir un artículo que incluya los aspectos destacados del diálogo de cada mesa nacional. Los artículos que aquí se presentan son producto de ese intercambio. Después de la mesa celebrada en cada país, los representantes se reúnen en una mesa internacional para identificar coincidencias y diferencias, y generar nuevas reflexiones Estas reflexiones se incorporan a los capítulos por país en el libro temático antes mencionado. Los capítulos reflejan el hecho de que los autores pudieron afrontar el tema desde una posición global estratégica, lo que da como resultado un análisis verdaderamente comparativo.

En este cuaderno, se analizan varios aspectos de la práctica y las perspectivas comparativas del federalismo fiscal en Alemania, Australia, Brasil, Canadá, España, Estados Unidos, la India, Malasia, Nigeria, Rusia, Sudáfrica y Suiza. Algunas de las interrogantes abordadas en los artículos son: ¿Cuál es la magnitud del desequilibrio fiscal vertical y horizontal? ¿Cuáles son las fuentes de ingresos y los gastos tanto en la unidad electoral como en los gobiernos nacionales? En consecuencia, ¿cuál es el grado de autonomía fiscal de las unidades electorales o de intervención del gobierno nacional? ¿Como entra en juego la esfera local? ¿Cómo influye la opinión pública en la política fiscal y cuál es el compromiso general con las normas nacionales? ¿Cómo se maneja la deuda? ¿Qué reformas están ahora en curso y por qué se han considerado necesarias?

El análisis de estas preguntas constituye el corpus del cuaderno, en forma de artículos por país, titulado "Reflexiones del diálogo". En el capítulo final, escrito por Anwar Shah, economista líder del Instituto del Banco Mundial, se presenta un resumen de las coincidencias y las diferencias en los países referidos. El glosario incluido al final del cuaderno contribuye al propósito educativo y la accesibilidad de la publicación, y prepara el terreno para tratar el tema con más amplitud en un libro. Es nuestra intención que los artículos presentados sirvan como introducción para el volumen 4 de la colección de libros, *La práctica del federalismo fiscal: perspectivas* comparativas, en el que los mismos autores analizan el tema con mayor detalle.

El éxito del programa de diálogo global depende por completo de la participación de diversas organizaciones y personas comprometidas. Por su generoso apoyo financiero, agradecemos al gobierno de Canadá, la Agencia Suiza para el Desarrollo, el Instituto del Banco Mundial (WBI) y la Secretaría de Hacienda del Estado de Bahía, Brasil. Ésta última, junto con otras dependencias de gobierno y organizaciones no gubernamentales brasileñas, financiaron la Mesa Internacional para el Diálogo Global, celebrada en Costa do Sauípe, Bahía, Brasil. Vaya un agradecimiento especial para Anwar Shah por escribir el capítulo final, "Apuntes comparativos", y por sus comentarios sobre el cuaderno en general. Hacemos un reconocimiento a los expertos que participaron en las actividades del diálogo por ofrecer una diversidad de perspectivas, las cuales ayudaron a dar forma a los artículos. Sus nombres aparecen al final del cuaderno. John Kincaid, editor principal de la colección de libros, y los demás integrantes del Consejo Editorial de Diálogo Global nos brindaron sus invaluables recomendaciones y experiencia. Gracias a Alan Fenna por la minuciosa labor de elaborar un glosario. También queremos agradecer el apoyo de varios miembros del personal del Foro de Federaciones: Lisa Goodlet, Roderick Macdonell, Rose-Anne McSween, Chris Randall, Carl Stieren y Nicole Pedersen. Por último, gracias al personal de McGill-Queen's University Press por su ayuda y recomendaciones durante todo el proceso de publicación.

La colección Diálogo Global sobre el Federalismo continúa la tradición del Foro de Federaciones de publicar de manera independiente o en colaboración con otras organizaciones. El Foro ha producido diversos libros y material en multimedia. Para mayor información sobre las publicaciones y las actividades del Foro, visite el sitio en internet: www.forumfed.org. Este sitio contiene enlaces con otras organizaciones y una biblioteca en línea que incluye los artículos y capítulos de Diálogo Global. Con la mayor distribución de los resultados del programa Diálogo Global, los fundadores del programa, el Foro de Federaciones y la Asociación Internacional de Centros para Estudios Federales, desean alentar a profesionales y especialistas a usar los conocimientos adquiridos para proponer nuevas soluciones, encaminadas a mejorar la gobernabilidad democrática, y para reunir a la gran cantidad de participantes activos de todo el mundo con objeto de ampliar y fortalecer la creciente red internacional sobre federalismo.

Raoul Blindenbacher y Abigail Ostien Karos, compiladores,
Foro de Federaciones

DIÁLOGOS SOBRE LA PRÁCTICA DEL FEDERALISMO FISCAL: PERSPECTIVAS COMPARATIVAS

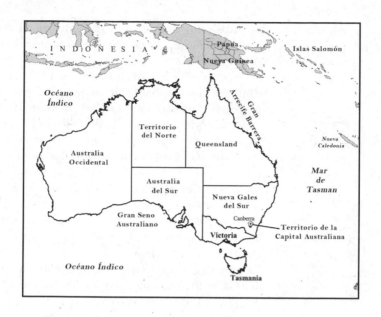

Australia:
equidad, desequilibrio e igualitarismo

ALAN MORRIS

El federalismo fiscal australiano está claramente definido por dos rasgos distintivos: (1) la magnitud del desequilibrio fiscal vertical dentro de la federación y (2) un enfoque detallado y completo frente la nivelación fiscal horizontal, que sirve de guía para la distribución de transferencias de fondos entre el gobierno federal, o Mancomunidad (Commonwealth), y los estados y territorios. Mientras que los orígenes del federalismo fiscal en Australia se remontan a la fundación de la federación y la constitución promulgada en aquella época, estos dos rasgos obedecen en mayor medida a la evolución histórica de la práctica que a los principios originales de la Constitución.

La Constitución australiana no es muy distinta de las constituciones de la mayoría de las federaciones en lo que respecta a las facultades del gobierno federal y los gobiernos estatales. Según lo dispuesto en la Constitución, la defensa, las relaciones exteriores, el comercio internacional, las aduanas y la moneda son temas que maneja el gobierno federal. Los temas no atribuidos específicamente al gobierno federal, como salud, educación y orden público, son responsabilidad de los estados. En la Constitución también se definen las facultades de recaudación de ingresos del gobierno federal y los gobiernos estatales, lo que incluye el apoyo financiero por parte del gobierno federal a cualquier estado en los términos y condiciones que considere adecuados.

Sin embargo, desde que se promulgó la Constitución en 1901, el otorgamiento de facultades tributarias ha cambiado de manera considerable. A raíz de decisiones tomadas en momentos de crisis históricas y una serie de fallos del Tribunal Supremo, el dominio fiscal del gobierno federal ha aumentado mucho a costa de los estados.

> A raíz de decisiones tomadas en momentos de crisis históricas y una serie de fallos del Tribunal Supremo, el dominio fiscal del gobierno federal ha aumentado mucho a costa de los estados.

Ahora el gobierno federal recauda un nivel sustancialmente mayor de ingresos de lo que necesita para satisfacer sus obligaciones de gasto, en comparación con los gobiernos estatales y territoriales. Esta disparidad entre la capacidad de recaudación de ingresos y las obligaciones de gasto generan lo que los analistas financieros federales llaman una situación de "desequilibrio fiscal vertical" entre dos órdenes de gobierno.

En la actualidad, el gobierno federal recauda alrededor de 80% de todos los ingresos gubernamentales, pero requiere sólo 61% del total para satisfacer sus necesidades de gasto, mientras que los gobiernos estatales y territoriales recaudan apenas 17% de todos los ingresos, pero necesitan 33% –el doble– para cumplir con sus responsabilidades de gasto.

El dominio fiscal del gobierno federal, y la manera en que ha usado su fortaleza fiscal para intervenir en áreas que tradicionalmente han sido prerrogativa de los estados, ha llegado a tener implicaciones en la responsabilidad de las funciones de gobierno. En algunas áreas, el papel y las responsabilidades de diferentes esferas de gobierno se han tornado difusos, lo que da pie a la duplicación, la superposición y el traslado de costos.

Muchos piensan que el desequilibrio fiscal vertical en Australia es demasiado grande, lo que tiene implicaciones poco gratas en la rendición de cuentas y debilita la motivación para una reforma fiscal. El acceso a las bases impositivas es casi exclusivo de una esfera de gobierno, y el gobierno federal tiene acceso a las bases impositivas más importantes, muy en particular a las bases impositivas directas de los ingresos de personas físicas y empresas. Una de las sugerencias para mejorar es que el gobierno federal deje un margen para que los estados y los territorios "se concatenen" (*piggy-back*) a esta base de impuestos reduciendo su tasa impositiva. Otros cambios que resultarían positivos incluyen una reforma y el fortalecimiento de las bases impositivas estatales (en particular en lo que respecta al impuesto predial) y la homologación de las bases impositivas pertinentes entre los estados.

La magnitud del desequilibrio fiscal vertical en la federación australiana nos hace preguntarnos si se debe examinar el concepto de un déficit fiscal óptimo. Auque se podría considerar que el déficit fiscal vertical de Australia es más grande de lo deseable, cierto grado de centralización de las facultades tributarias otorga una capacidad fiscal nacional para enfrentar los objetivos y las prioridades nacionales.

Un gran desequilibrio fiscal vertical significa que la transferencia de fondos del gobierno federal a los estados para que puedan satisfacer sus necesidades de gasto constituye un tema fundamental. El principio y la práctica de la nivelación fiscal horizontal que rigen las transferencias de subsidios no condicionados a los estados y territorios es el segundo rasgo distintivo del federalismo fiscal australiano. El objetivo consiste en nivelar las capacidades fiscales de los gobiernos estatales y territoriales, y el enfoque actual se basa en una evaluación completa de sus capacidades de ingresos y sus necesidades de gasto, en ambos casos relativas.

Estas transferencias son considerables, pues suman alrededor de $58 mil millones de dólares australianos al año, y comprenden, en promedio, más de 50% de los ingresos totales de los estados, en comparación con 10% en la década de los cincuenta. Es decir, son fundamentales para los presupuestos estatales. Una proporción significativa de las transferencias del gobierno federal a los estados y territorios, en este momento del orden de 40% del total de transferencias, adopta la forma de Pagos para Fines Específicos (SPP). Se trata de subsidios condicionados para propósitos definidos, esencialmente para el apoyo de prioridades nacionales específicas en áreas como salud y educación, y suelen conllevar ciertos compromisos. Algunos observadores consideran que esto equivale a menoscabar la subsidiariedad auténtica, el federalismo competitivo y el establecimiento por parte de los estados de maneras más eficientes de financiar y prestar servicios, y, por consiguiente, a menoscabar en los hechos los beneficios del federalismo.

Los estados y territorios pueden gastar como ellos decidan las transferencias no condicionadas que, desde las iniciativas de reforma fiscal en 2000 y el *Acuerdo intergubernamental sobre la reforma de las relaciones financieras entre el gobierno federal y los estados* celebrado entre el gobierno federal y los estados, comprenden los ingresos recaudados por medio del impuesto sobre bienes y servicios (GST). El monto de las transferencias federales no condicionadas hace que se plantee la cuestión de la reciprocidad de las obligaciones y la rendición de cuentas. Los gobiernos estatales y territoriales no tienen la obligación de gastar los subsidios de una manera en particular, o de justificar los motivos de esa evaluación en sus decisiones y prioridades de gasto. Sin duda, hay discrepancias entre las necesidades de gasto evaluadas y los niveles reales de gasto en áreas específicas. La falta de supervisión del gasto, si bien es fundamental en un sistema de subsidios no condicionados, suele ser motivo frecuente de crítica a las decisiones de los estados en relación con el gasto.

Aunque la nivelación fiscal horizontal se acepta generalmente como principio rector para la distribución de subsidios no condicionados a los estados y territorios, su aplicación sigue siendo un asunto delicado y polémico. Algunos estados sostienen que el proceso se ha vuelto demasiado complejo y detallado, y que muchas de las evaluaciones de las capacidades de recaudación de ingresos y las necesidades de gasto de los estados no reflejan las diferencias reales y materiales de sus circunstancias.

El planteamiento de Australia frente a la nivelación fiscal indica que los australianos no quieren tener disparidades regionales del tipo y magnitud que hay en algunas otras federaciones. Este planteamiento permite a las diversas jurisdicciones adoptar sus propias decisiones y preferencias locales. Se trata de un concepto particular de la equidad cuya mejor descripción es quizá que tiene por objeto lograr justicia más que igualdad. Y, en general, se acepta que un sistema fiscal federal inamovible no necesariamente seguirá siendo apropiado en otro momento.

Brasil: mantenimiento de la disciplina fiscal en medio de antagonismos regionales y sociales

FERNANDO REZENDE

En 1994, Brasil adoptó un plan de estabilización monetaria que no sólo concluyó con una era de elevada inflación, sino que también tuvo un profundo efecto en las finanzas federales. Una nueva moneda estable evidenció los desequilibrios estructurales y obligó a los administradores públicos a tener claras sus cuentas. En la federación brasileña, bastante descentralizada, la aplicación de una disciplina fiscal requirió importantes cambios institucionales. En virtud de una ley de "disciplina fiscal", promulgada en 2000, se impusieron límites a los gastos personales y al nivel de endeudamiento de los gobiernos estatales y locales. Al mismo tiempo, las fuertes restricciones presupuestarias impuestas por las metas macroeconómicas de estabilización de precios incidieron en la autonomía subnacional en relación con el desembolso de sus recursos presupuestarios.

Hoy, las desigualdades verticales y horizontales en la distribución de recursos fiscales, así como la reducida libertad en la asignación de ingresos en todos los niveles federales, son las principales causas de ineficiencia en el gasto público. Debido a la reacción ciudadana ante otros aumentos en la carga impositiva general, la creciente toma de conciencia sobre la necesidad de combatir la ineficiencia y mejorar la calidad en el uso de los recursos públicos ha generado una nueva oleada de demandas de centrar el debate fiscal en el aspecto del gasto del presupuesto. Al inicio de la estabilización monetaria, la estabilidad de los precios estaba sujeta a la sobrevaluación de la moneda recién instituida, el *real;* sin embargo, las sucesivas crisis financieras externas que afectaron a las economías emergentes –como México, el sureste de Asia y Rusia– en la segunda mitad de los años noventa obligaron al gobierno brasileño a abandonar los controles del tipo de cambio en 1999 y dejaron que la moneda nacional flotara según el mercado. Con la devaluación del real, la estabilidad monetaria dependió entonces de una administración responsable de las cuentas fiscales. Se instrumentó entonces una nueva política en materia de inflación y la disciplina fiscal sustituyó al tipo de cambio como cimiento para evitar la inflación.

La Constitución de 1988 amplió las facultades tributarias y, en aras de proteger las políticas sociales, estableció un régimen fiscal dual. Creó un presupuesto social con un conjunto específico de impuestos federales –las llamadas "contribuciones sociales"– a los que también debían contribuir los gobiernos subnacionales. Sin embargo, la crisis económica que sobrevino no favoreció los ingresos de los gobiernos estatales y locales, cuyas finanzas sufrían además el impacto de las altas tasas de interés sobre sus presupuestos. Con la nueva disciplina fiscal, los derechos sociales más amplios tuvieron que depender de la capacidad federal para recaudar dinero suficiente a fin de enfrentar un pronunciado aumento en el gasto social. Para ello, los nuevos impuestos federales destinados al presupuesto social empezaron a incrementarse, lo que dio inicio a un proceso que revirtió la descentralización fiscal.

Además de concentrar el poder de gasto en la esfera federal, el recurso de las contribuciones sociales para satisfacer los aumentos en gasto social tuvo consecuencias negativas para la economía y la federación. El efecto cascada de estas contribuciones generó ineficiencias económicas y distorsionó el comercio exterior. Para la federación, el aumento de los subsidios condicionales interfirió más con la autonomía de gasto subnacional y fomentó los desequilibrios verticales y, en particular, los horizontales.

Al revertirse la descentralización fiscal, resultaron afectados sobre todo los estados. Aunque los estados brasileños gozan de un alto grado de autonomía constitucional, su facultad de toma de decisiones está relativamente limitada. El gobierno federal fija los límites dentro de los que pueden establecer normas los gobiernos estatales y locales para aplicar y recaudar impuestos sobre bienes y servicios; establece detalladas disposiciones en relación con los presupuestos subnacionales; y casi no deja margen en sus leyes para los estados en áreas como servicios públicos, protección ambiental y explotación de recursos naturales.

Incluso en lo que se refiere al gasto, la libertad que tienen los gobernadores para destinar recursos presupuestarios se ha reducido a la mínima expresión. Los programas sociales y los ingresos etiquetados sumados a los gastos operativos cotidianos prácticamente no dejan recursos para financiar inversiones y, como el acceso a créditos es muy limitado, se ha esfumado su capacidad para dar continuidad a las políticas de desarrollo. Asimismo, la "ley de disciplina fiscal" prohibió a las autoridades estatales y locales que adoptaran medidas que permitieran aumentar los gastos sin especificar la fuente de financiamiento o un recorte equivalente en otros desembolsos. De modo que no por casualidad los estados recurrieron al único medio disponible para atraer plantas de manufactura: entablar una feroz competencia fiscal que se ha convertido en una de las principales causas de antagonismo entre los estados brasileños.

La situación en la esfera local es bastante distinta; de hecho, los gobiernos locales de Brasil tienen más autonomía que los estados. Tienen derecho a regular el uso de las tierras municipales y el suministro de servicios urbanos, imponer tarifas de servicios y definir sus propias normas de recaudación de impuestos sobre bienes. En general, gozan de mayor autonomía respecto a sus presupuestos, pues una parte considerable de sus ingresos proviene de subsidios para propósitos generales.

> Como las restricciones macroeconómicas seguirán vigentes por un algún tiempo y la reacción nacional ante otros aumentos en la carga impositiva no deja mucho espacio para una mayor tributación, en todo el país se demandan medidas para reducir el desperdicio en la aplicación de los recursos presupuestarios.

Los mecanismos de participación en los ingresos fiscales consagrados en la Constitución otorgan a los municipios 22.5% de los impuestos federales sobre la renta y de manufactura, y 25% de las recaudaciones del impuesto estatal al valor agregado (IVA). No obstante, los criterios para dividir la participación municipal sobre los impuestos federales tienen un sesgo en favor de los municipios más pequeños y castigan a las principales ciudades metropolitanas, que albergan a una cuarta parte de la población y sólo reciben 10% del total de estos recursos. Estas distorsiones en los mecanismos de participación en los ingresos fiscales han provocado un alto grado de desigualdad horizontal en la distribución del erario en toda la federación. Unidades escasamente pobladas del Amazonas y de las regiones del centro oeste reciben mayores cantidades de dinero per cápita que los administrados por los estados del norte, más pobres, pero densamente poblados.

En vista de la autonomía otorgada a los municipios, los gobiernos estatales no pueden coordinar inversiones ni tampoco la prestación de s ervicios urbanos y sociales más allá de los límites de las jurisdicciones locales. Y una relación cada vez más directa entre el gobierno federal y los municipios, de modo que grandes cantidades de fondos federales se canalizan directamente a la esfera local, socava la capacidad de los estados para ejercer algún control sobre las actividades que se llevan a cabo en su territorio. Tanto la superposición de programas como la falta de integración y coordinación ocasionan un desperdicio de recursos, mayores costos de producción y un acceso dispar a los servicios públicos, pues los pobres de los municipios con menos transferencias pueden recibir menos beneficios que aquellos que cuentan con mejores condiciones de vida y residen en municipios financieramente ricos. Como las restricciones macroeconómicas seguirán vigentes por un algún tiempo y la reacción nacional ante otros aumentos en la carga impositiva no deja mucho espacio para una mayor tributación, en todo el país se demandan medidas para reducir el desperdicio en la aplicación de los recursos presupuestarios. No obstante, los desequilibrios verticales y horizontales y los fuertes antagonismos que caracterizan a la actual federación brasileña hacen que los avances concretos en esa dirección sean muy difíciles si no hay una reforma profunda de su federalismo fiscal.

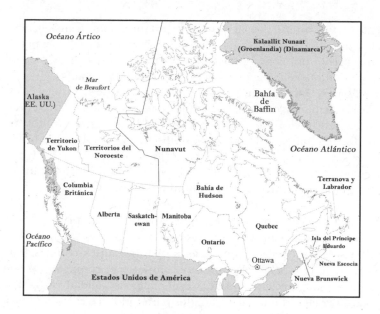

Canadá:
problemas incipientes en una
federación descentralizada

ROBIN BOADWAY

Para muchos observadores, Canadá es el epítome del sistema clásico del federalismo fiscal. Los gobiernos provinciales autónomos son responsables del suministro de muchos servicios públicos importantes. Tienen acceso irrestricto a todas las fuentes impositivas y son responsables de recaudar una elevada proporción de sus propias rentas. En buena medida, no hay injerencia en las transferencias federales. Las dos formas principales de transferencias –las transferencias de nivelación no condicionadas y las transferencias en bloque per cápita iguales para financiar programas sociales provinciales– facilitan una toma de decisiones descentralizada eficaz al asegurar que las provincias tengan capacidades comparables para prestar servicios públicos importantes e impulsarlas a ofrecer programas de salud, asistencia social y educación después de la secundaria que cumplan con los criterios nacionales mínimos. Los acuerdos entre la esfera federal y las esferas provinciales dieron origen a formas típicas de homologación del impuesto sobre la renta y el impuesto sobre ventas, y han establecido las reglas del juego para una unión económica interna eficiente y una unión social justa y equitativa. Hay transferencias adicionales para los tres territorios ubicados más al norte, a fin de permitirles prestar servicios públicos a poblaciones pequeñas y dispersas, y de otorgar reconocimiento a su capacidad fiscal relativamente débil.

Sin embargo, hay nuevos retos pendientes. La descentralización fiscal sumada a la demanda creciente de salud y educación, áreas que representan una gran proporción de los servicios públicos suministrados por las provincias, ha traído consigo la posibilidad de un desequilibrio fiscal, tanto vertical como horizontal. Este reto se extiende a los gobiernos municipales y a las comunidades indígenas con gobiernos autónomos, donde algunas de las necesidades son imperiosas.

A menudo, los problemas son producto de dos elementos aparentemente contradictorios de la federación canadiense. La primera dificultad es que mientras la Constitución otorga a las provincias una responsabilidad legislativa exclusiva en áreas tan importantes como salud, educación y bienestar social, el gobierno comparte el compromiso constitucional de prestar servicios públicos esenciales de calidad razonable y de fomentar la igualdad de oportunidades para todos los canadienses. Como los servicios públicos fundamentales para cumplir este compromiso son responsabilidad de las provincias, los instrumentos normativos de los que dispone el gobierno federal para cumplir dicho compromiso son las transferencias condicionales tanto a los gobiernos como a personas, elementos de lo que se conoce como "poder adquisitivo", es decir, la capacidad del gobierno federal para entregar y asignar fondos que se gastarán en áreas específicas de la jurisdicción provincial.

El segundo problema es que las provincias son dueñas de los recursos naturales dentro de sus fronteras y tienen el derecho de cobrar impuestos sobre su uso. Sin embargo, en virtud de la Constitución, el gobierno federal está comprometido con el principio de hacer pagos de nivelación, de modo que las provincias cuenten con suficientes ingresos para prestar niveles razonablemente comparables de servicios públicos sujetos a impuestos razonablemente comparables. Dado que uno de los principales orígenes de la disparidad fiscal entre provincias es la dotación de recursos naturales, algunos sostienen que cumplir con el compromiso de nivelación contradice implícitamente la propiedad de las provincias de los ingresos derivados de sus recursos naturales.

Son claras las principales características del federalismo fiscal en Canadá. El gobierno federal asume funciones típicamente nacionales, como la defensa, las relaciones exteriores y el sistema monetario, así como programas nacionales de seguridad social y transferencias a las provincias. Las provincias y sus municipios son responsables de servicios públicos importantes en materia de salud, educación y bienestar social, y también de los asuntos de interés provincial y local. Como resultado, el gasto en programas federales y provinciales es comparable, sólo que una gran parte del gasto federal consiste en transferencias a las provincias. De cualquier modo, las provincias han ido asumiendo paulatinamente una responsabilidad cada vez mayor en cuanto a la recaudación de sus rentas, y para ello han echado mano de todos los impuestos importantes. El sistema del impuesto sobre la renta está homologado de manera selectiva: el gobierno federal recauda los impuestos en nombre de varias provincias que aceptan regirse por la base impositiva federal, pero, de lo contrario, son libres de establecer sus propias tasas impositivas. También existe la homologación en el área del impuesto sobre ventas en el caso de las cuatro provincias que han adoptado sistemas del impuesto sobre ventas al valor agregado. Hay acuerdos entre el gobierno federal y los gobiernos provinciales en los que éstos reconocen el papel del gobierno federal en la concepción de importantes programas de servicios públicos instrumentados por las provincias, mientras que el gobierno federal se compromete a consultar con las provincias antes de adoptar nuevas iniciativas en relación con el poder adquisitivo.

El resultado es que la federación canadiense ha evolucionado para transformarse en una federación muy descentralizada que, al mismo tiempo, cuenta con un sistema tributario razonablemente homologado. Esto hace que las provincias ofrezcan programas comparables en áreas como salud, educación y bienestar social, y les permite elegir las características específicas del diseño del programa, de forma que refleje sus necesidades y preferencias diversas.

Algunos sucesos y tendencias recientes han ejercido presión en el sistema. Al enfrentar lo que consideró era una deuda insostenible, el gobierno federal recortó drásticamente sus transferencias en efectivo a las provincias para programas sociales y las consolidó en forma de una sola transferencia en bloque. Se hizo una pequeña labor de consulta antes de los recortes, y las provincias afirmaron que en los hechos les estaban transfiriendo una parte de la deuda federal. A su vez, las provincias recortaron transferencias a sus municipios. Este problema del supuesto desequilibrio vertical se exacerba a causa de un creciente desequilibrio horizontal, que es, en parte, una consecuencias natural de descentralizar la recaudación de rentas a las provincias y del aumento de los ingresos por concepto de recursos para algunas provincias, no todas.

Muchos observadores han señalado que el gobierno federal ha perdido el sentimiento de determinación nacional. Otros sostienen que ha dejado de tratar con las provincias de una manera abierta, cooperativa y predecible. La tensión ha aumentado a causa del uso por parte del gobierno federal del superávit fiscal acumulado para programas de gasto directo en vez de restaurar las transferencias a las provincias. En respuesta, las provincias y los territorios han fortalecido su capacidad para expresarse al unísono mediante el establecimiento de una institución interprovincial, el Consejo de la Federación.

Estas mismas preocupaciones aquejan a los gobiernos municipales y las comunidades indígenas, aunque de distintas maneras. El desequilibrio fiscal que sienten los gobiernos municipales se debe abordar de tal manera que puedan prestar los servicios públicos necesarios para asegurar que sus ciudadanos estén protegidos y sus empresas sean competitivas en un mundo cada vez más globalizado. Los problemas financieros que enfrentan las comunidades indígenas son aún más inmediatos. Se trata de comunidades cuyos integrantes se cuentan entre los más pobres del país y, que en muchos casos, carecen de servicios básicos. En este caso, el reto no se supera sólo con financiamiento, también es necesaria la prestación de servicios mientras avanza la transición de un sistema en el que el gobierno federal tenía un enfoque muy práctico y paternal a uno en el que las propias comunidades asuman más responsabilidades. Estos dos asuntos siguen a la espera de una solución y mantendrán ocupados a los responsables de la política fiscal en los próximos años.

Rutas hacia la reforma
del federalismo fiscal alemán

LARS P. FELD / JÜRGEN VON HAGEN

En teoría, el sistema federal alemán es cooperativo, pero, en la práctica la falta de cooperación entre el gobierno federal y sus unidades constituyentes ha llevado a un callejón sin salida. La autoridad en materia de gasto de las 16 unidades constitutivas de Alemania, los *Länder*, está restringida por mandatos federales y la mayor parte de la legislación federal requiere la aprobación de los *Länder* en la Cámara Alta del Parlamento, el *Bundesrat*. Esto ha permitido que los *Länder* tengan veto en la legislación del gobierno federal y ha limitado la capacidad de este último para instrumentar sus políticas. A menudo se considera que la facultad de veto del *Bundesrat* es un obstáculo para las políticas de reforma en la esfera federal, sobre todo en momentos en que cada cámara del Parlamento está gobernada por una mayoría de un bando político diferente. Sólo en la esfera municipal existe un nivel considerable de control sobre el establecimiento de impuestos, y es de importancia secundaria. El gobierno federal y los *Länder*, en el *Bundesrat*, deciden en conjunto los impuestos más importantes. Los *Länder* no pueden fijar individualmente bases o tasas impositivas. Para completar el sistema, hay un esquema de nivelación fiscal altamente igualitario destinado a compensar a los *Länder* más pobres.

En los últimos 25 años, la necesidad de modificar la constitución fiscal es cada vez más evidente. En primer lugar, se han pedido reformas de la nivelación fiscal en vista de:

- las disparidades entre los *Länder*
- la naturaleza altamente igualitaria de la nivelación fiscal
- los fuertes obstáculos para invertir en el mejoramiento de la base impositiva en la esfera de los *Länder*

En segundo lugar, los *Länder* con problemas fiscales por exceso de créditos han llevado al gobierno federal ante los tribunales para que éste rescate su deuda. En 1992, el Tribunal Constitucional Federal dictaminó que la federación debe otorgar esos rescates a los *Länder* de Saarland y Bremen. Estos problemas ya eran inherentes al federalismo alemán antes de la unificación, pero se han exacerbado desde entonces.

Hace tiempo que políticos de los ámbitos federal y de los *Länder*, servidores públicos y expertos de diversas disciplinas se percataron del desequilibrio del federalismo fiscal alemán. Para la ciudadanía en general, la urgencia de la situación se evidenció luego de que el *Land* de Berlín presentó una demanda judicial contra el gobierno federal para lograr un rescate en 2003, a la que siguió otra demanda similar entablada por Saarland en 2005.

En 2004, una comisión federal intentó elaborar una serie de propuestas de reforma del federalismo fiscal, incluidas las relaciones fiscales. Hasta finales de 2004, la comisión no había logrado llegar a un compromiso. Con base en un nuevo compromiso entre los *Länder*, los primeros ministros y la labor de la comisión federal, el nuevo gobierno de la Gran Coalición entre los demócratas cristianos y los socialdemócratas, que dio inicio en Berlín en noviembre de 2005, intenta desenmarañar las responsabilidades de la esfera federal y los *Länder*. En una declaración de intención, el nuevo gobierno también propone analizar, posteriormente, una reforma del federalismo fiscal.

Como la constitución fiscal alemana depende de la distribución de facultades en el sistema federal, se deben desenmarañar las responsabilidades antes de emprender cualquier reforma de las relaciones financieras entre los *Länder* y el gobierno federal. Los *Länder* y la esfera federal deben gozar, cada cual, de una mayor autonomía en varias áreas antes de que sea posible asignar recursos fiscales. La propuesta de reforma tiene por objeto reducir la parte de la legislación que requiere la aprobación del *Bundesrat* de alrededor de 60%, el porcentaje actual, a menos de 50% después de la reforma.

> Como la constitución fiscal alemana depende de la distribución de facultades en el sistema federal, se deben desenmarañar las responsabilidades antes de emprender cualquier reforma de las relaciones financieras entre los *Länder* y el gobierno federal.

Esto se podría lograr atribuyendo competencias más exclusivas a los *Länder* –por ejemplo, en la educación escolar y universitaria o en la remuneración de empleados y servidores públicos– y otorgando al gobierno federal una competencia exclusiva en materia de legislación ambiental, entre otras áreas.

El grado en que una mayor autonomía fiscal debe ir de la mano de una mayor responsabilidad de los *Länder* en varios ámbitos normativos sigue siendo objeto de un gran debate entre los *Länder*, y también entre éstos y el gobierno federal, sin que se haya llegado a un acuerdo sobre el rumbo que debe tomar la reforma. Además, los destinatarios finales del sistema de nivelación fiscal se muestran renuentes a aceptar cambios en sus posiciones relativas. Por último, los *Länder* han dependido de la ayuda del gobierno federal para salir de severas crisis financieras y no hay un acuerdo sobre la forma de terminar con esta dependencia.

Desde una perspectiva económica, una mayor autonomía fiscal de las jurisdicciones subnacionales y una mayor responsabilidad de los mercados financieros parecen ofrecer una solución razonable para reestablecer el equilibrio del federalismo fiscal alemán. Sin embargo, no hay a la vista una solución política fácil para lograr una mayor autonomía fiscal. No es factible exponer a los *Länder* directamente a una evaluación de su solvencia en los mercados financieros negándoles un rescate, porque algunos de los *Länder* estarían sujetos a costos prohibitivos de refinanciamiento. No obstante, los *Länder* también están reacios a aceptar una reducción de su autonomía y a otorgar al gobierno federal la facultad de aplicar los requisitos de consolidación a los *Länder* que hayan acumulado una deuda excesiva. En cambio, los beneficiarios finales del sistema de nivelación fiscal no quieren aceptar una menor nivelación fiscal ni una mayor autonomía fiscal. Más allá de lo atractivo que resulte separar la distribución de facultades de las cuestiones financieras, en la práctica será difícil hablar de una sin mencionar a las otras.

Algunos observadores afirman que un aumento gradual de la autonomía fiscal sería políticamente factible. Podría consistir en cuatro componentes. En primer lugar, la magnitud y el número de responsabilidades fiscales comunes se podrían reducir. En particular, se podría abolir la responsabilidad compartida de construir edificios universitarios. En segundo lugar, las responsabilidades fiscales respecto a las fuentes impositivas, cuyos ingresos pertenecen exclusivamente a los *Länder* (por ejemplo, vehículos automotores, compra de bienes raíces e impuestos sucesorios), se podrían asignar completamente a la esfera de éstos. En tercer lugar, los *Länder* podrían adquirir el derecho de imponer un recargo al impuesto sobre la renta de personas físicas y morales. Además, la nivelación fiscal se podría reducir de manera paulatina a fin de permitir la autonomía fiscal de los *Länder* e inducir así sus beneficios.

Una mayor autonomía fiscal también sería condición indispensable para que los *Länder* dejaran de depender de los rescates o créditos federales para cumplir con sus gastos a mediano plazo. Hoy, los *Länder* rara vez tienen la alternativa de solicitar un crédito cuando necesitan reaccionar ante impactos económicos. Se podría lograr un endurecimiento a corto plazo de las restricciones presupuestarias de los *Länder* con reglas más estrictas para hacer valer la consolidación de los *Länder* sin una deuda excesiva. Resolver la disyuntiva entre una mayor autonomía para cada *Land* en el aspecto de la tributación y una menor autonomía en el de los créditos dificultará la reforma del federalismo fiscal. En vez de debatir sobre soluciones normativas reales, tal vez sería mejor considerar los procedimientos para disminuir los elementos disfuncionales del federalismo fiscal alemán.

Federalismo fiscal en la India:
nuevos retos

M. GOVINDA RAO

El sistema de acuerdos fiscales intergubernamentales de la India ha funcionado bien por más de 50 años. Ha logrado una considerable nivelación de los servicios, ha instituido un sistema viable de solución de asuntos pendientes entre el gobierno nacional –llamado el "Centro" en la India– y los estados, se ha ajustado a condiciones cambiantes y, por consiguiente, ha contribuido a lograr un grado de cohesión en un país grande y diverso. Aunque al reflexionar vengan a la mente varias áreas que necesitan una reforma, el aspecto prevaleciente es que esa reforma es muy posible.

Las facultades tributarias y las responsabilidades de gasto del Centro y los estados se especifican en la Constitución en forma de tres listas: del Centro, de los estados y concurrente. Con la modificación constitucional de 1992, también se ha otorgado un reconocimiento constitucional a los gobiernos locales de zonas rurales y urbanas. Además de asegurar el orden público, los estados desempeñan un importante papel en la prestación de servicios sociales como educación, salud, vivienda y bienestar de la familia. Tienen un papel igual al del Centro en la prestación de servicios económicos. En particular, es importante su papel en el desarrollo agrícola, la irrigación, el fomento industrial y la infraestructura de transporte. Al mismo tiempo, se otorgan al Centro las facultades tributarias de base más amplia y progresivas. Los impuestos centrales importantes son los derechos aduaneros, los impuestos al consumo de bienes manufacturados y el impuesto sobre la renta de personas físicas y sociedades. A los estados también se les han asignado menos bases impositivas, pero desde la perspectiva de los ingresos, la facultad de establecer un impuesto sobre ventas minoristas es el más importante. Los estados pueden solicitar créditos del gobierno central y también del mercado, pero si un estado está endeudado con el gobierno central, deberá contar con la aprobación de éste para seguir recibiendo créditos.

> La Constitución reconoce que las facultades tributarias de los estados no son las adecuadas para satisfacer las necesidades de gasto y, por tanto, establece su participación en los ingresos fiscales centrales.

El federalismo fiscal indio se caracteriza por un alto grado de desequilibrio vertical y horizontal. En 2003-2004, los gobiernos estatales sólo recaudaron cerca de 30% del total de ingresos, pero su participación en el gasto fue de 57%. Más de 55% del gasto total de los estados se financió con transferencias centrales y fondos obtenidos por créditos. En lo que respecta al desequilibrio horizontal, los más desfavorecidos son los once pequeños estados montañosos que están clasificados como de "categoría especial", con una actividad o capacidad productiva muy reducida para recaudar ingresos de las fuentes que se les han asignado. Pero incluso los 17 estados restantes, de "categoría general", tienen diferencias considerables en tamaño, capacidad de recaudación de ingresos, acciones, niveles de gasto y dependencia fiscal. El ingreso promedio anual per cápita para el periodo 1999-2002 en el estado de Goa (Rs. 56,599), que genera el nivel más alto de ingresos, fue 8.7 mayor al del estado de Bihar (Rs. 6,539), que tiene el ingreso per cápita más bajo. La Constitución reconoce que las facultades tributarias de los estados no son las adecuadas para satisfacer las necesidades de gasto y, por tanto, establece su participación en los ingresos fiscales centrales.

Una característica notable de las transferencias en la India es la existencia de canales múltiples para transferir los fondos. Uno de estos canales, la Comisión de Planeación, integrada conforme a una resolución del gobierno de la India en marzo de 1950, prevé ayuda para los estados por medio de subsidios y créditos a fin de que cumplan con los requisitos de sus planes. Hasta 1969, la ayuda a los estados para sus planes se otorgaba con base en iniciativas específicas y el grado de ayuda, así como los componentes de subsidios y créditos, se decidía de acuerdo con el tipo de iniciativa elegida. Sin embargo, desde ese mismo año, la ayuda a los estados para sus planes se da por medio de subsidios y créditos de acuerdo con una fórmula aprobada por el Consejo Nacional de Desarrollo (NDC). El NDC está presidido por el primer ministro y está conformado por ministros de gobierno, miembros de la Comisión de Planeación y los ministros en jefe de los estados. Los subsidios entregados por la Comisión de Planeación representan entre 16% y 20% del total de las transferencias centrales.

La Constitución establece que el presidente de la India debe nombrar a los miembros de una Comisión de Finanzas cada cinco años para examinar las finanzas del Centro y los estados, y recomendar la cesión de impuestos o subsidios para los siguientes cinco años. Cuando la mencionada Comisión de Planeación se sumó a la Comisión de Finanzas en el otorgamiento de subsidios, el campo de acción de esta última se limitó a recomendar transferencias para cumplir con los requerimientos de los estados no relacionados con sus planes. A la fecha, se han constituido y han presentado sus informes doce Comisiones de Finanzas. Actualmente, las transferencias de la Comisión de Finanzas y de la Comisión de Planeación representan alrededor de 60% y 20%, respectivamente, del total de transferencias. Además de los dos canales anteriores, varios ministerios centrales hacen transferencias para fines específicos a estados con o sin requisitos de financiamiento conjunto. Hay más de 200 iniciativas de este tipo, aunque desde una perspectiva financiera, sólo unas cuantas son importantes.

El sistema de transferencias enfrenta varios problemas. En ocasiones, los canales de transferencia múltiples funcionan sin que haya una comprensión recíproca de sus respectivos propósitos, lo que ocasiona serios problemas para destinar las transferencias, principalmente a los estados en desventaja. La metodología adoptada para las transferencias de la Comisión de Finanzas –subsanar los déficits entre los ingresos y los gastos proyectados– no sólo ha creado grandes desincentivos, sino que también tiene como consecuencia la inequidad. El sistema no se esfuerza por lograr una nivelación considerable, pues las proyecciones de gastos para los estados más pobres se hacen partiendo de una base baja. A medida que se subsanan los déficits proyectados con transferencias, se crean desincentivos para la labor tributaria y la economía del gasto. La distinción entre las transferencias para planes y las que no son para planes también ha segmentado el presupuesto, con consecuencias adversas para la administración tributaria. Además, la proliferación de transferencias para fines específicos ha generado ineficiencia en la administración del gasto. Estos problemas han politizado considerablemente el sistema de transferencias.

Las políticas e instituciones intergubernamentales de la India han evolucionado en el contexto de una industrialización dominada por el sector público y basada en la industria pesada, la cual estaba implícita en la estrategia de desarrollo planeada. Con la liberalización económica y la apertura de la economía, es imperativo hacer cambios importantes en el federalismo fiscal. Reemplazar los ingresos de las empresas públicas por impuestos, compensar las pérdidas de ingresos con los derechos aduaneros y establecer un impuesto al valor agregado con base en el destino son algunos de los retos. Dada la economía cada vez más globalizada, los gobiernos estatales deben ser eficientes en su papel predominante de prestadores de servicios sociales y su papel igual de dar infraestructura física. Asimismo, el sistema fiscal debe abordar la cuestión de la disciplina fiscal en los órdenes subnacionales para poner fin al deterioro que ocasiona el aumento de los déficits y la acumulación de deuda de los estados. La llegada de un gobierno de coalición al Centro y a la esfera estatal ha dado origen a un populismo competitivo o a la adopción de políticas populares entre los electores sin tener en cuenta las consecuencias fiscales. Al volverse miembros fundamentales de la coalición central, los partidos regionales que gobiernan en la esfera estatal han propiciado varios acuerdos asimétricos. Todos estos factores han tenido un efecto adverso en la administración tributaria.

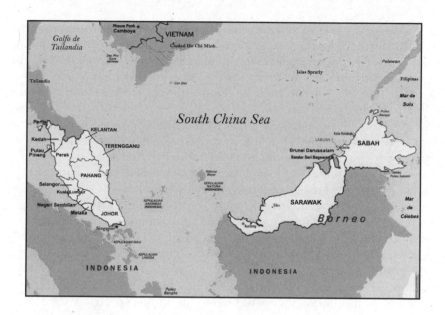

Federalismo fiscal en Malasia: retos y perspectivas

SAIFUL AZHAR ROSLY

Aunque la Constitución Federal de Malasia asigna claras responsabilidades a los órdenes de gobierno federal, estatal y local, las facultades tributarias mucho mayores otorgadas al gobierno federal han propiciado una centralización fiscal. El gobierno federal tiene la facultad de recaudar el impuesto sobre la renta de personas físicas y el impuesto a las sociedades, el impuesto sobre ventas y los impuestos por concepto de exportaciones e importaciones. Con escaso margen para recaudar ingresos fiscales, los gobiernos estatales también están sujetos a restricciones constitucionales para solicitar créditos y dependen demasiado de los subsidios y los créditos para enfrentar el gasto creciente ocasionado por el rápido crecimiento económico y la urbanización correspondiente. Los ingresos fiscales obtenidos con tarifas, licencias, derechos de avalúo e impuestos sobre los minerales simplemente no son suficientes para que los gobiernos estatales y locales solventen los gastos de nuestros tiempos.

Para equilibrar esa ecuación, la Constitución asigna al gobierno federal la responsabilidad de prestar servicios de administración, defensa, seguridad interna, educación, medicamentos, salud, trabajo y seguridad social. Hasta cierto punto, estos gastos han generado desarrollo económico en los estados federados y tal vez constituyan una nivelación indirecta, porque los estados dejan de pagar por servicios públicos básicos e infraestructura, como carreteras interestatales y universidades públicas. En cierto sentido, los gobiernos estatales se preocupan menos por los inminentes déficits fiscales, pues el gobierno federal siempre otorga créditos para financiar estos déficits.

Con facultades tan amplias en materia de tributación y gasto, el gobierno federal tiene la posibilidad de iniciar megaproyectos como el "proyecto de automóviles nacionales", el "proyecto del súper corredor de multimedia" y el establecimiento del Centro de Administración Federal en Putrajaya. Se espera que el proyecto de automóviles nacionales impulse a Malasia en el área de tecnología de diseño automotriz, componentes y motores, aunque los retos que representa la industria automotriz mundial, altamente competitiva, podrían constituir un obstáculo. El súper corredor de multimedia es una iniciativa para la industria mundial de tecnología de la información y las comunicaciones. Por último, el Centro de Administración Federal en Putrajaya es un nuevo centro que tiene como propósito establecer los principales ministerios y departamentos de gobierno en un solo lugar. Mediante un financiamiento estructurado como arrendamiento y adquisición, el gobierno no debe solventar inicialmente el costo de desarrollo. Se espera que las empresas que ganaron los contratos de construcción se capitalicen ellas mismas. A diferencia de los gobiernos estatales, el gobierno federal tiene la facultad de solicitar créditos para financiar el gasto público. En este caso, el pago de arrendamiento constituye también un gasto público.

Aunque no está permitido que un gobierno estatal contrate créditos para llevar a cabo proyectos relacionados con el estado, la Constitución federal no prohíbe que las empresas públicas obtengan recursos por medio de créditos bancarios y títulos de deuda. Por lo general, la privatización en Malasia da origen a empresas controladas por el gobierno tanto en el orden federal como en el estatal, y no implica una transferencia completa de activos de gobierno al sector privado. Más bien, introduce la cultura corporativa en la nueva unidad, pero la mayor participación accionaria sigue perteneciendo al gobierno. Se espera que la privatización aumente la eficiencia y reduzca los gastos de gobierno. Si todo sale bien, una empresa vinculada con el gobierno puede crear nuevos empleos y ampliar aún más la base impositiva federal. Sin embargo, si la empresa fracasa, debe solicitar un rescate del gobierno federal, medida que aumenta la carga de los contribuyentes. Las empresas vinculadas con el gobierno han incursionado en el sector salud, productos automotrices e industriales, transporte, bienes raíces y construcción, instituciones financieras, tecnología, energía eléctrica y comunicaciones.

Las facultades y los recursos fiscales otorgados a los gobiernos estatales se equilibran cuidadosamente en la Constitución federal. Se entrega un "subsidio per cápita" a cada estado con base en el tamaño de su población (aunque deberían agregarse más variables a la fórmula actual) y un subsidio para la construcción de caminos de acuerdo con la extensión geográfica de cada estado. También hay subsidios de participación en los impuestos como los subsidios de aumento de los ingresos fiscales, que reflejan los ingresos fiscales producto del crecimiento económico de cada estado. La entrega de los fondos se puede detener o retrasar, pero el financiamiento nunca se corta de tajo. Los créditos federales a la mayoría de los gobiernos estatales suelen quedar cancelados porque los estados no tienen capacidad de pago y en el futuro inmediato no serán independientes en el aspecto financiero.

Tal vez la descentralización fiscal no sea la solución para los problemas fiscales de los estados de Malasia. Debido al reducido tamaño de la mayoría de los estados, la falta absoluta de "economías de escala" tal vez haga que la descentralización fiscal no sea una buena opción. En vez de ello, se podrían revisar los subsidios estatales cada cinco años de modo que los gobiernos estatales pudieran cumplir con sus promesas a los electores, en especial en programas como la prevención de asentamientos marginales y el suministro de vivienda subsidiada para los pobres. Un futuro más brillante aguarda a los gobiernos locales, que tienen mayor autonomía que los gobiernos estatales. Un gobierno local puede obtener créditos bancarios y utilizar títulos respaldados por activos para financiar proyectos considerados provechosos para la localidad. Algunos gobiernos locales poseen activos territoriales sustanciales que se pueden movilizar a fin de recaudar fondos para la formación de capital.

> Un futuro más brillante aguarda a los gobiernos locales, que tienen mayor autonomía que los gobiernos estatales.

Hay una gran necesidad de examinar el federalismo malasio en un contexto moderno, pues en los últimos veinte años han surgido nuevos problemas. Si consideramos que en 1967 se establecieron en la Constitución federal subsidios especiales para el estado de Sabah y Sarawak, debe ser posible la estructuración de nuevos subsidios de acuerdo con las necesidades actuales, que incluyen la atención a la degradación ambiental en los estados y los problemas de suministro de agua en relación con tres ríos que corren de un estado a otro. Por ejemplo, la falta de fondos estatales para llevar a cabo operaciones de monitoreo no permitieron detener la grave situación de la tala ilegal y la eliminación de desechos tóxicos en ríos, aunque los actos de corrupción por parte de algunos funcionarios de gobierno también pueden haber contribuido a estos problemas.

Otro problema es la centralización fiscal en el ejercicio reciente del gobierno para recortar más los subsidios a la gasolina, lo que ha ocasionado protestas y descontento en la ciudadanía. Estos subsidios ahorrados (es decir, US$1.2 mil millones o MYR4.4 mil millones) se invertirán en mejorar el actual sistema de transporte e infraestructura. Pero la manera en que se distribuye el dinero a los estados y las dependencias federales demandaría una consulta más estrecha entre los funcionarios de todas las esferas de gobierno, aunque el gobierno federal se sigue imponiendo en la decisión final. Además de los aumentos al precio del combustible en virtud de una medida para reducir los gastos de gobierno, el aumento inminente a las tarifas de electricidad en los meses venideros demuestra, una vez más, el control decisivo del gobierno federal en las empresas de servicios públicos y, por ende, la centralización del federalismo fiscal en Malasia.

Hasta cierto punto, el federalismo en Malasia puede favorecer un gobierno federal estable, aunque en el orden estatal no ha tenido un desempeño perfecto. El extraordinario poder tributario del gobierno federal en Malasia constituye un potente instrumento para asegurar el dominio político a largo plazo de cualquier partido político que resulte elegido. Un contrapeso para este poder sería que en el Parlamento y los Consejos Ejecutivos Estatales se estableciera un proceso de diálogo y consulta continuos, sostenidos con vigor y sinceridad.

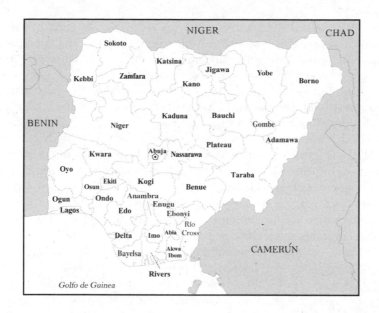

Federalismo fiscal en Nigeria: asuntos pendientes

AKPAN H. EKPO

Nigeria obtuvo su independencia de Gran Bretaña en 1960 y, con ella, un sistema fiscal federal que otorgaba un alto grado de autonomía a las regiones. En los años transcurridos desde su independencia, la estructura federal de Nigeria ha pasado por muchos cambios. Ahora hay 36 estados, 774 gobiernos locales y un Territorio de la Capital Federal, Abuja, que sustituyó a la antigua capital de Lagos en 1991. La evolución de este país rico en petróleo hacia su aplicación actual del federalismo fiscal se ha dado en un escenario de importantes avances económicos, políticos, constitucionales, locales y culturales.

El nivel de autonomía regional, que aumentó con la independencia en 1960, evolucionó a tal punto que las regiones tenían su propia constitución además de la Constitución (Federal) Nigeriana. Sin embargo, el golpe militar de 1966 destruyó por completo esta organización y la remplazó por un sistema de gobierno militar que era la antítesis del federalismo. Aun ahora, con un gobierno elegido democráticamente en todos los niveles, algunos vestigios del sistema unitario siguen aquejando las políticas y operaciones fiscales del país.

En algunos acuerdos federales, los ingresos fiscales fluyen de las unidades federadas al centro. Parecería que en la forma de federalismo de

Nigeria, los estados debían controlar sus recursos. Así cada uno podría aprovechar sus recursos lo mejor posible y contribuir, según lo conducente, al mantenimiento del centro. Sin embargo, en la realidad ocurre lo contrario: el centro controla los recursos, entre ellos, el petróleo, que es el más importante. Por lo tanto, existe la necesidad imperiosa de reestructurar el federalismo fiscal del país con base en las diversas ventajas y desventajas de las unidades federadas.

Uno de los asuntos en disputa en el federalismo fiscal de Nigeria tiene que ver con la participación en los ingresos de los tres órdenes de gobierno. Se trata del "principio de derivación", disposición constitucional que requiere que el gobierno federal devuelva 13% de los ingresos obtenidos con los recursos naturales de determinado estado a ese estado. Muchos nigerianos quieren que aumente este porcentaje. Antes del ascenso del petróleo como un importante generador de divisas a mediados de los años setenta, los productos agrícolas tenían esta distinción y el principio de derivación llegó a 50%. Paradójicamente, los principales productos agrícolas procedían de tres bloques de poder y étnicos: cacao del oeste, maní del norte y productos de palma del este.

> Para lograr equidad y justicia, sería necesario que cada estado controlara una parte sustancial de sus recursos. Por lo tanto, muchos sostienen que en la fórmula de participación en los ingresos se debería dar mayor peso a la derivación.

El petróleo, que desde entonces se volvió la dotación de recursos de Nigeria, se encuentra en las zonas minoritarias del país, carentes de una base de poder. El peso de la derivación se convirtió en una batalla que se sigue librando. Las zonas donde hay petróleo son tan subdesarrolladas y pobres que una derivación de 13% resulta inadecuada. Por consiguiente, las demandas de estas zonas productoras de petróleo se relacionan con el olvido en el que las han tenido y con la idea de que se les está tratando injustamente por carecer de influencia política. Para ellas, la fórmula de asignación de recursos debe asegurar que quienes albergan la dotación de recursos del país reciban una participación justa, que sea suficiente para un crecimiento y un desarrollo sustentables. Para lograr equidad y justicia, sería necesario que cada estado controlara una parte sustancial de sus recursos. Por lo tanto, muchos sostienen que en la fórmula de participación en los ingresos se debería dar mayor peso a la derivación.

Otro problema de las finanzas federales nigerianas es cómo asignar los recursos entre dos o más órdenes de gobierno, de manera que cada gobierno tenga la capacidad financiera para desempeñar las funciones que le corresponden. En Nigeria, hay una escuela de pensamiento que sostiene que las funciones actualmente asignadas al gobierno federal se deben ceder a los estados. Lo ideal sería que cada unidad federada se desarrollara a su ritmo aprovechando sus recursos para lograr el desarrollo planeado. Deberían desarrollar su propia capacidad de extracción y basar sus decisiones y preferencias de desarrollo en los recursos de que disponen. Esto aliviaría la preocupación de que los recursos de una zona del país se están desviando al desarrollo de otras zonas. Al mismo tiempo, todas las unidades federadas deben garantizar la viabilidad financiera del centro. De este modo, el federalismo fiscal del país estaría más orientado a impulsar el crecimiento económico divergente y no a las políticas asistencialistas en la asignación de recursos.

Los factores que asegurarían una fórmula para una asignación equitativa y estable del ingreso en los tres órdenes de gobierno incluyen:

- adopción de un principio de derivación uniforme
- otorgamiento de la debida importancia a la igualdad de los estados
- atención adecuada al desarrollo de las zonas productoras de recursos naturales
- distribución de los ingresos según las responsabilidades de cada orden de gobierno

La asignación de las facultades de gasto e ingresos entre las unidades federadas hizo necesario que se propusiera una ley en materia de responsabilidad fiscal, la cual se promulgó con el afán de evitar las repercusiones negativas de los grandes déficits fiscales que ha sufrido el país. La ley dispone la supervisión de los déficits de los órdenes de gobierno inferiores. Por consiguiente, es crucial la coordinación fiscal. La Ley de responsabilidad fiscal tiene por objeto que todos los órdenes de gobierno se comprometan con la planeación y la aplicación eficaces, disciplinadas y coordinadas del presupuesto, así como con la presentación de los informes correspondientes. Aunque todas las unidades federadas tienen el compromiso de lograr una estabilidad macroeconómica, la eficacia en la aplicación de la ley sigue siendo motivo de preocupación para las autoridades.

Es importante que la tensión en torno del federalismo fiscal del país se resuelva mediante un diálogo y un compromiso serios, de modo que no se genere una crisis que amenace la supervivencia del país. Un ejemplo es la reciente conferencia sobre la reforma política nacional en la que los estados minoritarios se retiraron en señal de protesta por la negativa de los otros miembros de la conferencia a aumentar el porcentaje asignado al principio de derivación.

El federalismo ruso en una encrucijada

ALEXANDER DERYUGIN /
GALINA KURLYANDSKAYA

Rusia pronto concluirá la instrumentación del programa de federalismo fiscal que comenzó en 2001. Este programa prometía disciplina, un sistema transparente de relaciones fiscales intergubernamentales y responsabilidades de gasto y fuentes de ingresos claramente asignadas. Aunque este programa es uno de los pocos que el gobierno ruso ha llevado a cabo con éxito, los acontecimientos en el país desde su puesta en marcha han hecho que algunos se pregunten si es posible mantener un federalismo fiscal en un país que se desvía cada vez más del federalismo político. Cualquiera que sea la respuesta, hay algo que queda claro: otorgar autonomía en los ingresos a las unidades constitutivas será un factor esencial para el éxito del federalismo fiscal –que muchos esperan prepare el terreno para volver al federalismo político–.

Cuando, a principios de los años noventa, Rusia empezó a avanzar hacia el federalismo, el gobierno central ofreció a los estados todas las facultades que éstos querían, algo que muchos consideran una medida que salvó al país de la desintegración. Sin embargo, la autonomía de los estados pronto se volvió un obstáculo para el desarrollo de una nación integrada. Con objeto de vencer las tendencias centrífugas y aumentar la asimetría en las relaciones federales, el gobierno instituyó un programa de federalismo fiscal.

Durante la instrumentación de este programa, se promulgaron leyes que aumentan las facultades de los poderes legislativo y ejecutivo de los gobiernos estatales y locales. Estas leyes ajustaron la legislación federal a la nueva asignación de responsabilidades, en la que se centralizaban los recursos y responsabilidades, mientras que el poder político seguía descentralizado. Los estados conservaron la discrecionalidad sobre varias áreas importantes (por ejemplo, salud y educación) en las que el gobierno central prometió no interferir.

Después de la crisis de rehenes en la escuela de Beslan en septiembre de 2004, el gobierno federal tomó medidas más serias para concentrar el poder político. Una de las más controvertidas fue que el presidente hizo a un lado las elecciones directas para gobernadores y ahora los designa él

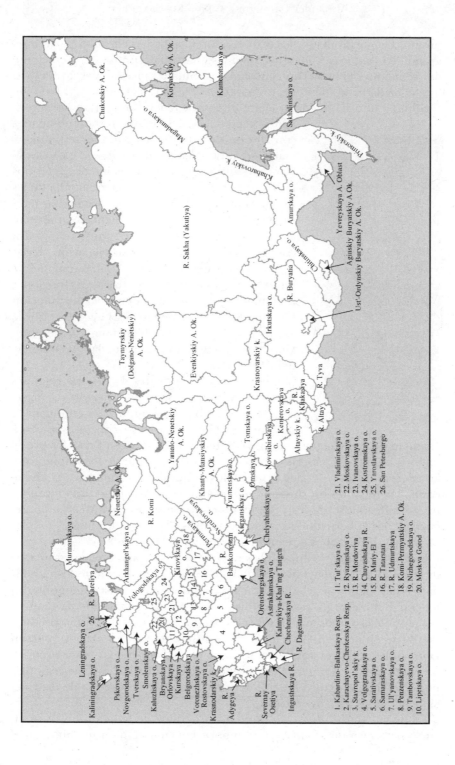

Chukotskiy A. Ok.

Koryakskiy A. Ok.

Kamchatskaya o.

Magadanskaya o.

Sakhalinskaya o.

Khabarovskiy k.

Primorskiy k.

R. Sakha (Yakutiya)

Amurskaya o.

Yevreyskaya A. Oblast

Aginskiy Buryatskiy A. Ok.

Ust'-Ordynskiy Buryatskiy A. Ok.

Chitinskaya o.

R. Buryatia

Irkutskaya o.

Taymyrskiy (Dolgano-Nenetskiy) A. Ok.

Evenkiyskiy A. Ok.

Krasnoyarskiy k.

R. Tyva

R. Altay

Altayskiy k.

R. Khakasiya

Kemerovskaya o.

Novosibirskaya o.

Omskaya o.

Tomskaya o.

Yamalo-Nenetskiy A. Ok.

Khanty-Mansiyskiy A. Ok.

Tyumenskaya o.

Kurganskaya o.

Chelyabinskaya o.

Sverdlovskaya o.

R. Komi

Permskaya o.

Kirovskaya

Bashkortostan

Orenburgskaya o.

Astrakhanskaya o.

Kalmykiya-Khal'mg Tangch

Chechenskaya R.

R. Dagestan

Ingushskaya R.

Severnay Osetiya

Adygeya

Krasnodarskiy k.

Rostovskaya o.

Voronezhskaya o.

Belgorodskaya

Kurskaya o.

Orlovskaya

Bryanskaya o.

Kaluzhskaya o.

Smolenskaya o.

Tverskaya o.

Novgorodskaya o.

Pskovskaya o.

Leningradskaya o.

Kaliningradskaya o.

Murmanskaya o.

R. Kareliya

Arkhangel'skaya o.

Nenetskiy A. Ok.

Vologodskaya o.

Samarskaya o.

Saratovskaya o.

Murmanskaya o.

1. Kabardino-Balkaskaya Resp.
2. Karachayevo-Cherkesskya Resp.
3. Stavropol'skiy k.
4. Volgogradskaya o.
5. Saratvskaya o.
6. Samaraskaya o.
7. Ul'yanovskaya o.
8. Penzenskaya o.
9. Tambovskaya o.
10. Lipetskaya o.

11. Tul'skaya o.
12. Ryazanskaya o.
13. R. Mordoviva
14. Chuyashskaya R.
15. R. Mariy-El
16. R. Tatarstan
17. R. Udmurtskaya
18. Komi-Permyatskiy A. Ok.
19. Nizhegorodskaya o.
20. Moskva Gorod

21. Vladimirskaya o.
22. Moskovskaya o.
23. Ivanovskaya o.
24. Kostromskaya o.
25. Yaroslavskaya o.
26. San Petesburgo

mismo. Como resultado, los gobernadores se han vuelto una parte integrante del poder ejecutivo nacional y se ha cedido un número creciente de facultades del gobierno central a las unidades territoriales, proceso al que se ha llamado "desconcentración". Así, la estrategia de federalismo de Vladimir Putin ha quedado clara: el centro federal nombra a las autoridades regionales, les asigna responsabilidades con apoyo de los fondos que corresponda y mantiene un estricto control sobre el gasto. Si se llega a identificar una malversación de los fondos públicos y empeora la situación en alguna de las regiones, el presidente cuenta con medios para revertirla. Hay un peligro potencial inherente a esta estrategia: cuando el centro empieza a controlar a las regiones en su ejecución de las responsabilidades federales, también se puede sentir tentado a asumir el control de las funciones regionales que corresponden a la jurisdicción federal-regional. El peligro es muy real porque ahora las regiones cumplen con muchas funciones adicionales no exentas de la interferencia del centro federal.

> Hay un peligro potencial inherente a esta estrategia: cuando el centro empieza a controlar a las regiones en su ejecución de las responsabilidades federales, también se puede sentir tentado a asumir el control de las funciones regionales que corresponden a la jurisdicción federal-regional.

A esto se suma el hecho de que las regiones tienen muy poca autonomía respecto a sus ingresos. Hoy, sólo hay tres impuestos regionales y dos locales. Compárese esto con la asombrosa cantidad de casi cincuenta impuestos federales. Como en Rusia los presupuestos regionales y locales proceden principalmente de los impuestos y las transferencias federales, y no de los impuestos recaudados a la ciudadanía, las regiones no rinden cuentas ante ésta. Asimismo, las empresas, no los individuos, son los principales contribuyentes en Rusia; en consecuencia, los gobernadores están más interesados en atraer nuevas empresas a sus jurisdicciones que en mejorar la vida de la gente.

En 2004, las fuentes impositivas regionales y federales estaban asignadas de manera permanente al orden subfederal, lo que hace que los estados dependan menos de las decisiones presupuestarias anuales del gobierno federal. Sin embargo, estas modificaciones no han fortalecido de manera perceptible la autonomía en los ingresos de los estados. El mismo predicamento se observa en la fórmula de transferencias de nivelación: por un lado, una estrategia formalizada para el manejo de las transferencias federales parece otorgar cierta independencia financiera a las regiones; por otro lado, el centro federal es quien establece la fórmula de distribución y la modifica a discreción.

En la actualidad, Rusia no tiene un programa de federalismo fiscal en curso para mejorar el anterior. Tampoco hay una opinión unánime en el país sobre las perspectivas del federalismo. La mayoría de los expertos opinan que no todas las unidades federales pueden tener las mismas responsabilidades y facultades, en vista de las grandes disparidades que existen en desarrollo socioeconómico, desarrollo político, clima y muchos otros factores. En los años noventa, las regiones fuertes recibieron facultades adicionales en el marco de acuerdos bilaterales con el centro federal, mientras que el modelo que hoy se aborda priva a las regiones débiles de discrecionalidad en el manejo de sus finanzas. Parece casi inevitable el regreso al modelo asimétrico de federalismo.

Los cambios en los métodos de nivelación de la capacidad fiscal es uno de los temas más debatidos actualmente en Rusia. Aunque muchos piensan que se debe dar apoyo financiero a los estados extremadamente débiles bajo un estricto control del centro federal, la principal forma de apoyo para esos estados debe ser el financiamiento de proyectos de capital que no beneficie sólo a uno, sino a varios estados. En sentido estricto, una política regional de este tipo no requiere una estructura federal y limita el ámbito del federalismo fiscal.

La lucha para reconciliar el federalismo político con el federalismo fiscal es complicada. Algunos expertos consideran que no durará el actual regreso de Rusia al sistema unitario –que el federalismo fiscal preparará el terreno para el mayor desarrollo del federalismo político–. Asimismo, señalan la mayor autonomía financiera de las regiones gracias a las fuentes de ingresos, por escasas que sean, que se les asignaron en 2004; la distribución basada en fórmulas de las transferencias de nivelación; y varios fondos federales establecidos para distribuir transferencias para fines específicos a las regiones. Otros piensan que el federalismo fiscal y el autogobierno local son imposibles si no hay una verdadera autonomía en los ingresos y que el federalismo fiscal no puede coexistir con un eje vertical del poder ejecutivo; en otras palabras, la autoridad altamente centralizada en Moscú anula la capacidad de las regiones para ejercer cualquier facultad real que les corresponda. Hay algo en lo que muchos están de acuerdo: en su tentativa de mejorar el federalismo fiscal, el país no puede esperar a que aparezca una forma ideal de federalismo.

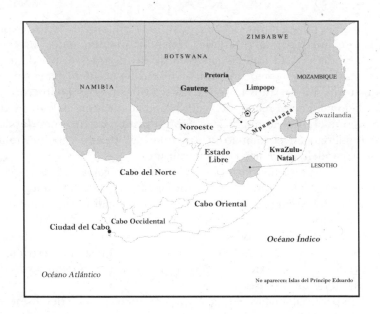

Sudáfrica:
federalismo fiscal en transición

RENOSI MOKATE

Sudáfrica es uno de los miembros más recientes del grupo de naciones que cuentan con un sistema de relaciones fiscales intergubernamentales (RFIG). Este sistema se instituyó con la llegada de la democracia en 1994 y está asentado en la Constitución. El sistema RFIG de Sudáfrica es el resultado de un acuerdo político, al que se llegó luego de un proceso de negociaciones multipartidistas. La disposición constitucional tiene por objeto reconocer la diversidad regional, económica y étnica de Sudáfrica, y dar voz a esa diversidad sin que ello dificulte alcanzar la unidad nacional y crear una sociedad equitativa.

Con una población de 44.8 millones de personas, el producto interno bruto de Sudáfrica fue de US$212.8 mil millones en 2004 y el producto interno bruto per cápita, de US$3,630. El país posee un ambiente macroeconómico que se caracteriza por tasas de crecimiento moderado y bajas tasas de inflación y de interés.

El sistema intergubernamental de Sudáfrica se puede definir como un sistema unitario, pero descentralizado en el que el gobierno se compone de tres esferas: nacional, provincial y local. Desde una perspectiva práctica, entre las esferas nacional y provincial hay una relación en la que la esfera nacional determina la política –y las normas y principios aplicables a las funciones– y las provincias fungen como autoridad ejecutora. Las responsabilidades de gasto de la esfera provincial se financian desde el centro por medio de un modelo de distribución del ingreso. El centro asigna a las provincias una parte de los ingresos recaudados nacionalmente mediante una distribución provincial equitativa, basada en una fórmula, y mediante subsidios condicionados y para fines específicos.

A diferencia de las esferas nacionales y provinciales, los municipios, en especial los municipios metropolitanos grandes, tienen capacidad suficiente de recaudación de ingresos para sufragar sus gastos, y reciben recursos adicionales por medio de la participación equitativa del gobierno local, también basada en una fórmula. No obstante, hay grandes disparidades entre la cantidad de ingresos que pueden recaudar los municipios metropolitanos y los municipios más pequeños. Por lo general, los municipios urbanos tienen sólidas bases de ingresos y, en consecuencia, es mínima su dependencia de las transferencias de la esfera nacional. Esto contrasta marcadamente con muchos municipios urbanos más pequeños y rurales con muy poca capacidad fiscal y que dependen en gran medida de las transferencias del gobierno nacional.

Todas las esferas de gobierno tienen la capacidad de recaudar sus propios ingresos. Sin embargo, las provincias no imponen ni recolectan gravámenes sobre impuestos con una base amplia, como el ingreso y las utilidades de las empresas, el ingreso de personas físicas, el consumo y el comercio. La mayoría de los impuestos disponibles para las provincias tienen una base estrecha y se relacionan con las tarifas que se cobran por licencias de vehículos automotores, juego, bebidas alcohólicas, servicios hospitalarios y turismo. Los municipios tienen acceso a los impuestos prediales para la recolección de basura y el uso de agua. La recaudación de las tarifas a los usuarios sigue siendo una dificultad importante para ambas esferas de gobierno por diversas razones, las principales son:

- la falta de sistemas eficaces de facturación, cobro y control de créditos, en particular en la esfera local
- la accesibilidad financiera
- el legado de ejercer el no pago por los servicios como un reclamo para indicar la insatisfacción con la prestación de los servicios. La Constitución otorga a las provincias la facultad, sujeta a la legislación nacional y a los objetivos de la económica nacional, de imponer un recargo al impuesto sobre la renta de personas físicas y el gravamen al combustible.

Así pues, las relaciones fiscales intergubernamentales de Sudáfrica se caracterizan por la relativa centralización del lado de los ingresos con una alta descentralización de las responsabilidades de gasto. Aunque el gasto en servicios sociales representa alrededor de 89% del gasto total provincial, estos servicios generan muy pocos ingresos. Sin embargo, ante la imposibilidad de recaudar ingresos adecuados de los impuestos que se les han asignado y para cumplir con su mandato constitucional, las provincias han llegado a depender en gran medida de las transferencias o subsidios intergubernamentales, que representan 95% de los ingresos totales utilizados en el orden provincial.

> Así pues, las relaciones fiscales intergubernamentales de Sudáfrica se caracterizan por la relativa centralización del lado de los ingresos con una alta descentralización de las responsabilidades de gasto.

No obstante, el gobierno ha emprendido varias estrategias para enfrentar estas dificultades, a saber: desarrollo de la capacidad, introducción de sistemas de administración y control financieros más eficaces, y mejores sistemas de presupuestación, a fin de atender las deficiencias en la recaudación y mejorar la prestación de servicios. Además, el gobierno nacional ha introducido servicios básicos universales de agua, electricidad y saneamiento para enfrentar los problemas de accesibilidad. Esta última estrategia conlleva la prestación de un nivel mínimo de servicios para todos los ciudadanos y un mecanismo escalonado de fijación de precios para cualquier nivel de servicio utilizado por encima del mínimo. En relación con los servicios hospitalarios en el orden provincial, se cobra una tarifa mínima con base en un estudio socioeconómico. En este sentido, se han introducido mecanismos más eficaces y confiables para los estudios socioeconómicos con el propósito de mejorar la recaudación de ingresos.

La Constitución dispone que la asignación de fondos del ingreso recaudado nacionalmente se divida de manera equitativa entre las tres esferas de gobierno. Esta división vertical se suma a la división horizontal equitativa de los ingresos entre las nueve provincias y los 284 municipios con subsidios tanto condicionados como no condicionados. La división vertical del ingreso entre tres esferas de gobierno es una política formulada por el gobierno nacional que refleja las funciones prioritarias relativas asignadas a cada esfera de gobierno. La división horizontal del ingreso se basa en una fórmula, teniendo en cuenta los factores específicos de la demografía y la actividad económica. Las disparidades fiscales son muy grandes y corresponden a las diferencias en costos y capacidad en la prestación de servicios públicos.

La Constitución faculta a las esferas nacional y provincial a intervenir temporalmente en los asuntos y la administración de una provincia o municipio (en el caso de las provincias) cuando se demuestra su incapacidad para cumplir con sus mandatos. En estos casos, el método adoptado por las esferas de gobierno superiores ha sido tomar medidas en una etapa temprana del proceso para evitar asumir todo el control administrativo. Esto ha brindado la oportunidad de formular soluciones más apropiadas, concentrarse en mejorar las condiciones en vez de castigar a la esfera de gobierno que corresponda y aprovechar los escasos recursos humanos y financieros necesarios para resolver el problema. La filosofía de fondo es intervenir de manera que se mejore la prestación de servicios en lo inmediato y se desarrolle la capacidad de la provincia o el municipio para tener un mejor desempeño en el futuro.

El sistema de relaciones intergubernamentales de Sudáfrica sigue evolucionando, pues el país sigue siendo una democracia joven. La claridad con la que se definen las facultades y las funciones en la Constitución salvaguarda al país contra las reasignaciones arbitrarias de funciones. No obstante, en los últimos diez años ha habido algunos cambios en las funciones, como la transferencia del gobierno provincial al nacional de la responsabilidad por los subsidios para la seguridad social y la reasignación de los gobiernos locales a los provinciales de la atención primaria de la salud. Se ha establecido un marco para la asignación eficaz de funciones, que garantiza su fidelidad al espíritu de la Constitución.

España:
redefinición de la nivelación fiscal
y las relaciones fiscales

JOAQUIM SOLÉ VILANOVA

La Constitución democrática de 1978 inició un proceso de descentralización política y fiscal en España que culminó con la formación de tres órdenes de gobierno –en lugar de los dos órdenes, el central y el local, que operaban antes de 1978–. Con la nueva Constitución, y gracias a la presión de regiones importantes como el País Vasco y Cataluña, entre 1979 y 1983 se crearon 17 "comunidades autónomas" o estados, con facultades legislativas y ejecutivas. Este proceso gradual de descentralización ha tenido éxito en las áreas de gasto y recaudación de ingresos; sin embargo, hay otros aspectos que parecen inconclusos, específicamente en las áreas de responsabilidad fiscal, nivelación fiscal y relaciones fiscales.

En 2003, el gasto de las comunidades autónomas ascendió a aproximadamente 35% del gasto público total, incluida la seguridad social. Se trata de un pronunciado aumento en comparación con 1978 cuando los estados aún estaban por nacer. Desde 1982, algunos gobiernos estatales como los de Cataluña y el País Vasco ya prestaban servicios de educación, salud y seguridad pública, y para 2002 todas las comunidades autónomas prestaban estos servicios, excepto servicios sociales personales, mantenimiento de caminos y otros servicios menos costosos.

Hoy, los ciudadanos ven a las comunidades autónomas como proveedores de servicios, pero sin el mandato de recaudadores de impuestos. Como consecuencia de esta percepción, los parlamentos estatales no ejercen plenamente sus facultades tributarias, con la salvedad de la introducción de los créditos fiscales o la disminución de las tarifas impositivas. Esta reticencia al ejercicio pleno de facultades indica una falta de madurez y responsabilidad fiscales por parte de los gobiernos estatales y los electores, urge un impulso para aumentar la rendición de cuentas fiscal, resistir la presión de las demandas ciudadanas de más servicios y equilibrar los presupuestos estatales.

> Esta reticencia al ejercicio pleno de facultades indica una falta de madurez y responsabilidad fiscales por parte de los gobiernos estatales y los electores, urge un impulso para aumentar la rendición de cuentas fiscal, resistir la presión de las demandas ciudadanas de más servicios y equilibrar los presupuestos estatales.

En la esfera estatal hay dos sistemas financieros: el "común" aplicado a 15 comunidades autónomas, y el "foral", aplicable al País Vasco y Navarra, que han disfrutado de una categoría especial durante siglos. Por ejemplo, el País Vasco y Navarra poseen mayores facultades en materia de impuestos cedidos –sobre todo en relación con el impuesto a las sociedades–. Esta asimetría fiscal ha dado origen a una situación peculiar: en los casos en los que hay competencia para atraer a una compañía a establecer sus operaciones en una zona en particular, los gobiernos con régimen especial pueden introducir atractivos créditos fiscales o reducir las tasas impositivas del impuesto sobre la renta de sociedades o personas físicas, lo que deja a las comunidades autónomas aledañas en la imposibilidad de competir, pues su facultad tributaria es inadecuada. El resultado es que algunas compañías decidieron establecerse en los estados con un régimen foral.

El régimen común está regulado por la Ley orgánica de financiación de las comunidades autónomas (LOFCA), aprobada en 1980. En el marco de esta ley, se han cedido algunas facultades tributarias a las comunidades autónomas y se establecieron la participación en los impuestos, la participación en los ingresos y los subsidios de nivelación. Desde 1997 todas las comunidades autónomas tienen un impuesto sobre la renta de personas físicas –establecido sobre la base impositiva del gobierno central– y comparten los impuestos al valor agregado de acuerdo con el consumo estatal y los impuestos al consumo. Asimismo, las comunidades autónomas poseen los "impuestos cedidos" (por ejemplo, impuesto sobre el patrimonio, impuesto de transmisiones patrimoniales y actos jurídicos documentales, impuesto sobre sucesiones y donaciones, tributos sobre el juego, etc.) con la facultad de variar las tasas impositivas, los créditos fiscales e incluso algunas bases impositivas. También tienen la facultad de aumentar los recargos sobre los impuestos cedidos y crear nuevos impuestos en ámbitos fiscales no usados por el gobierno central.

Algunas comunidades autónomas iniciaron recientemente una "carrera hacia el fondo" compitiendo entre sí para disminuir las tasas impositivas a la sucesión. Esta peligrosa carrera puede dar como resultado la abolición estatal del impuesto y la pérdida de la base impositiva, como ocurrió en Canadá y Australia en los años setenta. Un impuesto sucesorio central con tasas impositivas mínimas, en el que los impuestos sucesorios estatales pudieran deducirse como un crédito fiscal, podría servir como red de seguridad y resolver la actual competencia fiscal. Sin embargo, ningún gobierno estatal se ha atrevido a respaldar esta idea.

El sistema financiero de las 15 comunidades autónomas con un régimen común incluye un mecanismo explícito de nivelación. Éste consiste en un subsidio de nivelación que equilibra la capacidad y las necesidades fiscales. La fórmula de nivelación ha evolucionado con las diferentes reformas, pero nunca se ha definido el criterio explícito de la equidad horizontal entre jurisdicciones. Asimismo, el parlamento central nunca ha fijado específicamente las metas de "necesidad" y "nivelación de la capacidad". Aunque el sistema actual de las finanzas estatales tiene un alto grado de nivelación entre las 15 comunidades estatales conforme a un régimen común, sin duda la fórmula de nivelación está sesgada en favor de los gobiernos relativamente más pobres.

En cualquier país federal, el ingreso fiscal per cápita –incluidos los ingresos por participación en los impuestos– de una unidad estatal a otra porque las bases impositivas y las capacidades fiscales difieren considerablemente. La función de los subsidios de nivelación es justo reducir estas diferencias fiscales, no necesariamente eliminarlas y, desde luego, nunca crear nuevas discrepancias en el orden opuesto. La fórmula para determinar el subsidio de nivelación no condicionado, el llamado Fondo de Suficiencia, está diseñada de tal forma que el ingreso per cápita final suele ser mayor en las comunidades autónomas más pobres que en las más ricas. Dicho de otra forma, el subsidio de nivelación no sólo reduce las diferencias en los ingresos fiscales per cápita típicos de las comunidades autónomas, sino que cambia el orden de estas últimas de acuerdo con el ingreso per cápita total en el modelo básico. Además del modelo básico, hay otros subsidios: los subsidios para inversión destinados a fines de desarrollo otorgados por el gobierno central y la Unión Europea, que sólo benefician a los diez estados más pobres.

En la década de los noventa se reformaron algunas leyes y actualmente hay una nueva oleada de reformas encabezada por Cataluña, un estado comparativamente rico. En su propuesta para que haya asimetrías en las facultades fiscales, Cataluña estableció una relación bilateral con el gobierno central y un nuevo criterio de nivelación. Cualquier beneficio que obtenga Cataluña bien puede tener un "efecto dominó" y ser adoptado por otras comunidades autónomas. Es poco probable que se llegue a un acuerdo con el gobierno central sobre el otorgamiento de facultades asimétricas adicionales, pero se espera que pronto se adopte un nuevo criterio de nivelación. Todo objetivo de nivelación debe ser compatible con algún nivel de eficiencia en lo que se refiere a dar incentivos a los gobiernos para que aumenten la base impositiva estatal haciendo crecer la economía de los estados. Cuando se lleve a cabo, esta reforma fiscal tendrá como resultado un sistema financiero más federal y menos unitario.

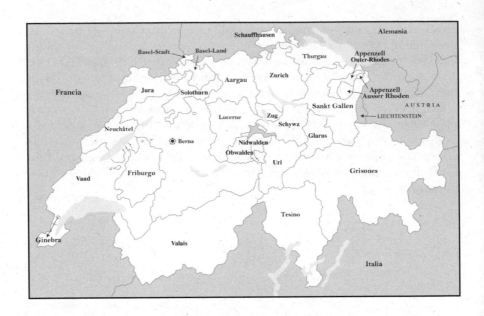

Finanzas públicas sustentables con autonomía fiscal subfederal: el caso de Suiza

GEBHARD KIRCHGÄSSNER
Y PRABHU GUPTARA

El sistema suizo demuestra que, en países federales con el ambiente y las instituciones apropiadas, es posible tener finanzas públicas sustentables, sin dejar de mantener un alto grado de autonomía fiscal para las unidades subfederales. Esto lo explican, entre varias otras razones, a una reforma del sistema de nivelación fiscal que entrará en vigor en 2008 y a la disponibilidad de instrumentos para fomentar la responsabilidad fiscal entre los cantones.

Los cantones suizos tienen una mayor facultad tributaria que las unidades constitutivas de cualquier otro país federal en el mundo excepto algunos estados de Estados Unidos. El impuesto sobre la renta suizo es en gran medida un impuesto cantonal y cada cantón tiene su propio conjunto de categorías de impuestos, algunas más progresivas que otras. Esto se aplica no sólo a los cantones grandes como Zurich, con más de 1.2 millones de habitantes, sino también al más pequeño, Appenzell Innerrhoden, con menos de 15,000 habitantes. Además, Suiza tiene una democracia directa en todos los niveles de gobierno. Esto significa que, si reúne suficientes firmas para una petición, un ciudadano suizo puede presentar una propuesta al electorado o convocar a un referendo para aprobar o rechazar una nueva ley aprobada por el gobierno. Si bien estas facultades democráticas directas varían de un cantón a otro, son más amplias que en cualquier otro lugar.

El reducido tamaño del país origina una intensa competencia fiscal entre los cantones, lo que provoca enormes diferencias en la carga fiscal. En 2003 en Delémont, capital del cantón de Jura, una familia con dos hijos y un ingreso gravable de 150,000 francos suizos debía pagar 23,847 francos suizos en impuestos cantonales y locales, además del impuesto sobre la renta federal de 3,466 francos suizos. Esa misma familia sólo habría pagado 10,094 francos suizos en Zug. No es de sorprender, pues, que los ricos tiendan a vivir en los cantones que aplican impuestos bajos. Esto obedece a que las pequeñas distancias en el país permiten que al menos algunas personas tengan su casa en un cantón donde los impuestos son bajos y perciban sus ingresos en otro cantón.

Una gran parte de la redistribución del ingreso se hace por medio de impuestos sobre la renta progresivos en los cantones. Esto se opone a los cánones según los cuales la redistribución difícilmente es posible en los órdenes subfederales, pues la competencia entre las unidades subfederales podría ocasionar una carrera hacia el fondo. Cuatro factores institucionales han facilitado esto: el impuesto sobre la renta federal es bajo, pero altamente progresivo; la primera columna del sistema de pensión para adultos mayores es altamente redistributiva en el orden federal; hay una tasa impositiva de retención de 35% sobre los ingresos por dividendos e intereses; y existe un sistema de nivelación fiscal. De este modo, la gente con ingresos altos que vive en un cantón donde los impuestos son bajos no puede eludir por completo contribuir a la carga fiscal del país.

El sistema suizo de nivelación fiscal es necesario para mantener tanto la unidad del país como la competencia fiscal. Sin embargo, este sistema puede inducir incentivos perversos al impulsar a algunos cantones a buscar que el gobierno central y otros cantones les otorguen subsidios en vez de atraer contribuyentes. El inveterado sistema de nivelación –aún en operación– tuvo estos efectos. Por ello, el año pasado la gente votó en favor de una reforma de este sistema, que entrará en vigor en 2008 y permitirá evitar en gran medida estos incentivos. Conforme al nuevo sistema, se otorgarán subsidios no sólo para cubrir las cargas de las zonas urbanas y las regiones montañosas, sino también para apoyar a los cantones más pobres; se calcula que después de que la reforma entre en vigor, el ingreso per cápita de estos últimos no será inferior a 85% del promedio nacional. Esto dejará un amplio margen para la competencia fiscal entre los cantones. Los recursos para estos subsidios provendrán del gobierno central y de los cantones más ricos. En el actual sistema fiscal, las grandes diferencias en las cargas fiscales son consecuencia, como suele ocurrir, de las asimetrías; los cantones pequeños bien ubicados pueden explotar a los cantones más grandes.

Suiza tiene otro problema común a los sistemas federales: ¿cómo evitar que los cantones, considerados individualmente y en especial los más pobres, implanten políticas fiscales irresponsables con déficits crecientes, confiando en el rescate del gobierno federal? En la práctica, los cantones tienen un desempeño muy distinto entre sí. En 2003, el promedio de la deuda per cápita cantonal fue de 10,522 francos suizos. Seis de los 26 cantones tenían una deuda per cápita inferior a los 4,000 francos suizos, mientras que la deuda per cápita del cantón de Ginebra ascendía a 46,512 francos suizos.

> Suiza tiene otro problema común a los sistemas federales: ¿cómo evitar que los cantones, considerados individualmente y en especial los más pobres, implanten políticas fiscales irresponsables con déficits crecientes, confiando en el rescate del gobierno federal?

En vista de su autonomía fiscal y de los subsidios del sistema de nivelación –si fueran necesarios–, en teoría cada cantón debe ser capaz de manejar sus finanzas de una manera responsable. Asimismo, hay dos instrumentos disponibles que pueden ayudar a los cantones a mantener la política fiscal sustentable. En primer lugar, el referendo fiscal permite a los ciudadanos someter a escrutinio y debate cualquier gasto propuesto, así como impedir que el gobierno o el parlamento lo ejerzan.

Un segundo instrumento es el "freno a la deuda" usado por algunos cantones. Este mecanismo obliga al cantón no sólo a equilibrar su presupuesto en curso, sino también a ahorrar una parte del dinero si hay un superávit, como ocurre en las épocas de prosperidad. El superávit se puede gastar si hay un déficit –por ejemplo, en una recesión– antes de que se deban aumentar los impuestos. Esto permite que el cantón ponga en práctica alguna política fiscal anticíclica y, al mismo tiempo, asegura un presupuesto equilibrado a largo plazo.

En St. Gallen, donde se ha aplicado esta norma por más de 70 años, este mecanismo ha demostrado ser muy eficaz y, en consecuencia, la deuda cantonal es relativamente baja. Friburgo ha tenido una norma similar desde los años sesenta y también tiene finanzas saneadas. En los últimos diez años, Solothurn, Appenzell Ausser-rhoden, Gaubünden, Lucerna, Berna y Valais también introdujeron normas similares. Mientras se observen estas normas, no hay riesgo de que se produzca una crisis de deuda en un cantón y, en consecuencia, no hay necesidad de un rescate o intervención del gobierno federal. En síntesis, el sistema fiscal suizo funciona particularmente bien en los cantones que han adoptado estas instituciones fiscalmente responsables.

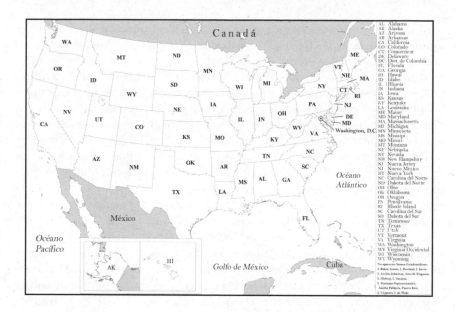

La situación cambiante del federalismo fiscal en Estados Unidos

MERL HACKBART

En la práctica, el sistema federal estadounidense es un acto de equilibrismo entre tres órdenes de gobierno relativamente independientes –el federal, el estatal y el local– que tienen responsabilidades en la prestación de servicios públicos y la facultad de gravar impuestos y solicitar créditos. Pero en la Constitución sólo se mencionan dos de estos órdenes: el estatal y el federal. El tercero, el gobierno local, tiene funciones determinadas en gran medida por los estados. Dentro de estos lineamientos, las funciones y responsabilidades reales de los gobiernos federal y estatales en relación con los programas públicos están en cambio constante. Esta situación propicia que surja periódicamente un conflicto entre los diferentes órdenes de gobierno. Los tribunales desempeñan un importante papel en la resolución de estos conflictos. Al final, este sistema flexible ha demostrado su estabilidad y su capacidad de adaptación a condiciones sociales, políticas y económicas cambiantes.

Pero hay otros problemas que ni siquiera una constitución federal cuidadosamente equilibrada y el sistema judicial han logrado solucionar: las restricciones a los ingresos federales y estatales, los mayores costos de los programas, el número creciente de demandas ciudadanas de servicios y las tendencias económicas y demográficas a más largo plazo. Estos conflictos son noticia durante los debates y el proceso de toma de decisiones sobre los presupuestos estatales y federal, pero se suelen olvidar en otros momentos. Y cuando el gobierno federal ha tratado de solucionarlos transfiriendo a los estados responsabilidades de financiamiento en materia de programas, los problemas resurgen en las legislaturas estatales. En la mayoría de los casos, los estados han adoptado estrategias e iniciativas de financiamiento temporales para compensar el déficit en los programas conjuntos entre los órdenes federal y estatal. Sin embargo, estas estrategias presupuestarias de "arreglo temporal" aplicadas por cada estado han aumentado muchos presupuestos estatales hasta llevarlos al límite. Así que es común que cada estado decrete ajustes en su política fiscal para equilibrar sus presupuestos según las disposiciones de la ley o sus constituciones.

A menudo, el papel del gobierno federal estadounidense ha sido ofrecer lineamientos generales y recursos, mientras que los gobiernos estatales y locales han sido los principales prestadores de servicios públicos. Mantener una alianza intergubernamental sólida ha sido difícil para los estados, pues han tenido que ser sensibles a las necesidades propias de cada uno de ellos, así como compartir el costo y asegurar la prestación de los servicios públicos junto con sus aliados en el gobierno federal. Esta tendencia creciente a nacionalizar las áreas normativas, como las recientes iniciativas legislativas federales de "Seguridad nacional" (Homeland Security) y "Que ningún niño se quede atrás" (No Child Left Behind), ha aumentado la interdependencia gubernamental. El gobierno federal depende cada vez más de los estados para instrumentar programas federales y asegurar la consecución de los objetivos nacionales. Como resultado, mientras que muchas áreas normativas se han nacionalizado y financiado con fondos federales, se ha cedido a los gobiernos estatales y locales la responsabilidad de poner en marcha programas para alcanzar los objetivos nacionales. Cualquier cambio que un orden de gobierno haga a un programa conjunto –por ejemplo, un recorte– puede tener un efecto importante en la capacidad fiscal de otro orden de gobierno para cumplir con sus responsabilidades relativas a los programas y la administración fiscal. La Constitución estadounidense otorga facultades normativas considerables en materia fiscal al gobierno federal, por ejemplo, para gravar impuestos, solicitar créditos, regular el comercio interestatal e internacional, pagar deudas y velar por el bienestar general. No obstante, también impone límites a la autoridad normativa federal, entre ellos, restringe la capacidad del gobierno federal para gravar un impuesto sobre los artículos exportados de cualquier estado. Además de limitar la capacidad de los estados para intervenir en el comercio interestatal e internacional, la autoridad del gobierno federal también ha acotado drásticamente las facultades tributarias de los estados en lo que respecta a las operaciones comerciales multiestatales o internacionales. Estas limitaciones han mermado la capacidad fiscal de los estados para financiar sus responsabilidades en relación con programas en el contexto de una economía cada vez más global.

En la Constitución se otorga cierta autoridad fiscal a los estados. Específicamente, la décima reforma constitucional concede a los estados una "facultad residual" en materia de política fiscal, que constituye su principal instrumento para negociar con el gobierno federal sobre las responsabilidades y las finanzas de los programas. Sin embargo, los estados también están limitados: la Constitución los obliga a seguir el debido procedimiento jurídico en sus políticas y acciones, y a brindar igual protección conforme a la ley dentro de sus jurisdicciones. Los gobiernos locales, creados por los gobiernos estatales, sólo tienen las facultades y autoridad fiscales que dispongan los estados.

La tendencia del gobierno federal a intervenir en una variedad más amplia de asuntos normativos, incluidos aquellos que tradicionalmente correspondían a los gobiernos estatales, ha desdibujado los papeles y las responsabilidades de los diversos órdenes de gobierno. La responsabilidad compartida de estos programas nacionales ha provocado disputas y tensiones intergubernamentales en torno a la rendición de cuentas y la responsabilidad.

Un gran problema del federalismo fiscal estadounidense es la falta de un proceso formal o informal para coordinar eficazmente la política fiscal intergubernamental del país. Como consecuencia, las iniciativas del gobierno federal a menudo están en pugna con las políticas estatales, las cuales, a su vez, frecuentemente también están en pugna con las políticas de los gobiernos locales. Las áreas de la política fiscal que carecen de una coordinación intergubernamental esencial incluyen la política fiscal y de ingresos, y los programas administrados de manera conjunta como salud, educación e infraestructura, entre otros.

Los esfuerzos encaminados a reducir el gran déficit federal y la creciente deuda federal han hecho que el gobierno transfiera las responsabilidades de financiamiento de los programas a los estados. Las decisiones en materia normativa que tienen por objeto administrar el presupuesto del gobierno federal muchas veces implican reducir el apoyo federal para los programas nacionales. Muchos de ellos son programas de cooperación entre los gobiernos federal, estatal y local para prestar servicios públicos. Cuando ocurren estos recortes fiscales federales, los gobiernos estatales y locales se ven obligados a asumir una responsabilidad adicional. A los gobiernos estatales y locales les ha resultado difícil idear estrategias y políticas para manejar sus compromisos financieros en curso y, al mismo tiempo, adoptar los cambios en la responsabilidad fiscal intergubernamental.

Un segundo problema para el federalismo fiscal tiene que ver con el debilitamiento del papel y la autoridad de los estados dentro del sistema estadounidense de federalismo. Para ser más específicos, aunque la Constitución de Estados Unidos reserva a los estados toda la autoridad y las responsabilidades no otorgadas expresamente al gobierno federal, los estados están sufriendo una merma constante de su autoridad. El surgimiento de mandatos sin financiamiento previsto, la preeminencia sobre la autoridad estatal y la transferencia de programas del orden federal al estatal son ejemplos del dominio creciente del gobierno federal.

> Aunque la Constitución de Estados Unidos reserva a los estados toda la autoridad y las responsabilidades no otorgadas expresamente al gobierno federal, los estados están sufriendo una merma constante de su autoridad.

Los mandatos sin financiamiento son producto de la legislación federal que obliga a los estados a instrumentar programas concebidos por el gobierno federal, sin un apoyo financiero federal. También se observa la preeminencia federal sobre la autoridad estatal y local, defendida con la cláusula de supremacía de la Constitución estadounidense, que indica que las leyes federales promulgadas de conformidad con la Constitución de Estados Unidos son la ley suprema de la nación.

La transferencia, otro hecho que ocurre en el orden federal, se refiere al traslado de la responsabilidad de los programas a los estados. Estas prácticas recientes han modificado el equilibrio de poder entre los gobiernos federal y estatal.

Apuntes comparativos sobre los nuevos retos en el federalismo fiscal

ANWAR SHAH

El federalismo fiscal tiene que ver con el proceso decisorio en un sistema de gobierno federal en el que las decisiones del sector público se toman en varios órdenes de gobierno. Hay grandes diferencias entre los países federales en lo que respecta a las opciones que eligen sobre el carácter de su federalismo fiscal, específicamente, a la forma en que las facultades fiscales se otorgan a las diversas esferas y los acuerdos fiscales conexos. Los acuerdos fiscales producto de estas opciones suelen estar sujetos a una revisión y una redefinición periódicos en los países federales, a fin de adaptarse a las circunstancias cambiantes dentro y fuera de las naciones. En Canadá, esta revisión periódica (la sunset clause o cláusula de extinción de derechos) es de obligatoriedad legal, mientras que en otros países federales los cambios pueden ocurrir simplemente como resultado de la interpretación dada a las diversas disposiciones y leyes constitucionales en los tribunales (por ejemplo, en Australia y Estados Unidos) o en los distintos órdenes de gobierno, como sucede en la mayoría de los países federales. En años recientes, estas opciones se han visto sometidas a una presión considerablemente mayor como resultado de la revolución de la información y el surgimiento de una nueva economía mundial "sin fronteras". En los siguientes párrafos se destacan algunos desafíos importantes y nuevas respuestas en algunos países federales que se toman como ejemplo.

Principales retos para el federalismo constitucional

1. División de las facultades fiscales

La revolución de la información y la globalización plantean retos especiales para la asignación constitucional dentro de las naciones. La primera, al arrojar luz sobre las operaciones gubernamentales, habilita a los ciudadanos a exigir a sus gobiernos una mayor rendición de cuentas. Con la globalización, se vuelve evidente que los estados nacionales son demasiado pequeños para enfrentar cosas mayores y demasiado grandes para ocuparse de cosas menores. Tanto la globalización como la revolución de la información representan un cambio gradual en los regímenes supranacionales y la gobernabilidad local. En el proceso de adaptación a esta realidad, hay una tensión creciente entre los distintos órdenes de gobierno de los sistemas federales para reposicionar sus papeles sin perder relevancia. Una fuente constante de esta tensión y dos tendencias incipientes se observan en los países incluidos en este volumen. La fuente constante de tensión son los déficits fiscales verticales, o el desequilibrio entre los medios para obtener ingresos y las necesidades de gasto en los órdenes de gobierno inferiores.

Los déficits fiscales verticales y la autonomía en los ingresos en los órdenes subnacionales sigue siendo un área de preocupación en los países federales donde la centralización de las facultades fiscales es mayor a la necesaria para sufragar los gastos federales, incluida su facultad de gasto; como consecuencia de lo anterior, se observa una influencia indebida en las políticas subnacionales para conseguir los objetivos mediante las transferencias fiscales. Esto ocurre en el nivel estatal en Alemania, Australia, España, la India, Malasia, Nigeria, Rusia y Sudáfrica. En Nigeria, hay una preocupación especial respecto a la asignación central de los ingresos por concepto de recursos. En Alemania, estas preocupaciones están motivando un análisis más amplio del problema de la asignación y un replanteamiento de la división de facultades entre los gobiernos federal, de los *Länder* y local. Aún se debe llegar a un consenso sobre una nueva visión del federalismo fiscal en ese país.

Las dos tendencias incipientes en el equilibrio cambiante del otorgamiento de facultades dentro de las naciones son: (a) un constante deterioro del papel de los estados o provincias –es decir, la segunda esfera (intermedia)– y (b) un papel más amplio pero redefinido del gobierno local en la gobernabilidad de órdenes múltiples.

(a) Relevancia decreciente del orden intermedio de gobierno o hacia un modelo de reloj de arena de federalismo

Los gobiernos federales de Alemania, Brasil, Canadá, la India, Malasia y Rusia se han atribuido un papel de mayor relieve en áreas de régimen compartido entre el nivel federal y el estatal. En Brasil, los programas sociales y los ingresos etiquetados son las influencias que limitan la flexibilidad en el orden estatal. En Sudáfrica, el gobierno nacional ha asumido la responsabilidad del financiamiento de la seguridad social. En Estados Unidos, el gobierno federal está adoptando un papel cada vez más vasto en las áreas normativas de régimen compartido y, al mismo tiempo, está transfiriendo las responsabilidades de instrumentación a los gobiernos estatales y locales, a menudo mediante mandatos sin financiamiento previsto o con un financiamiento inadecuado. Tanto en Canadá como en

Estados Unidos, los gobiernos federales están financiando parcialmente sus deudas reduciendo las transferencias fiscales a las provincias o estados.

Otro conflicto federal-estatal incipiente es que en los países federales con federalismo dual como Australia, Canadá y Estados Unidos, donde los gobiernos locales están subordinados a los gobiernos estatales, los gobiernos federales están tratando de forjar una relación directa con estos últimos y, en el proceso, están dejando de lado a los gobiernos estatales. Esta situación preocupa a Brasil, Canadá y Estados Unidos, donde los gobiernos estatales están viendo mermada su relevancia en la vida de la gente, aunque su papel constitucional sigue siendo fuerte. Esto dificulta la coordinación vertical y también repercute en la capacidad de los estados para enfrentar las inequidades fiscales dentro de sus fronteras. En la India, el gobierno federal mantiene un sólido papel en los asuntos estatales mediante el nombramiento de funcionarios federales en puestos ejecutivos estatales fundamentales para la toma de decisiones. En términos generales, el papel del orden intermedio de gobierno en los sistemas federales está en declive, con la excepción de Suiza, donde los cantones tienen un papel constitucional más fuerte y un mayor apoyo de los residentes locales.

(b) Nueva visión de la gobernabilidad local y resistencia de los gobiernos estatales

Por otro lado, la globalización y la revolución de la información están fortaleciendo la posición y la ampliación del papel de los gobiernos locales en la gobernabilidad en red en el orden estatal. Esto requiere que los gobiernos locales operen como compradores de los servicios locales y facilitadores de redes de gobierno más allá de ser proveedores de gobierno, guardianes y supervisores de los gobiernos estatales y nacional en áreas de régimen compartido. No obstante, los gobiernos locales están enfrentando alguna resistencia de sus gobiernos estatales en áreas de políticas sociales. En Brasil, la India y Nigeria, los gobiernos locales poseen una categoría constitucional y, por consiguiente, una mayor capacidad para defender su papel. En Suiza, las disposiciones relativas a la democracia directa aseguran un sólido papel para los gobiernos locales y en Brasil y Suiza los gobiernos locales tienen un papel amplio y autónomo en la gobernabilidad local. En otros países federales, la capacidad de los gobiernos locales para valerse por sí mismos depende del poder que han adquirido los ciudadanos gracias a la revolución de la información. Rusia destaca como un ejemplo en el que no se podía hacer esta defensa. En Canadá, algunas provincias han centralizado el financiamiento educativo. En Sudáfrica, la atención primaria de la salud se ha reasignado al orden de gobierno provincial.

2. Reducción de la desigualdad fiscal dentro de las naciones

La desigualdad fiscal dentro de las naciones representa un importante elemento de la desigualdad económica. Esto obedece a que los niveles razonablemente comparables de servicios públicos sujetos a niveles razonablemente comparables de impuestos fomentan la movilidad de la gente, el capital y los bienes comerciables, y contribuyen a asegurar una unión económica común.

Las federaciones más maduras, con la señalada excepción de Estados Unidos, intentan enfrentar las disparidades fiscales regionales mediante un programa de nivelación fiscal. En Estados Unidos, no hay un programa federal, sino que las finanzas estatales para educación aplican principios de nivelación. Canadá tiene un programa de este tipo consagrado en su Constitución, al que intelectuales y políticos canadienses llaman a menudo el "pegamento" que mantiene unida a la federación. En su mayoría, los programas de nivelación están financiados por el nivel federal, salvo en Alemania y Suiza. En Alemania, los estados ricos hacen contribuciones más progresivas para el fondo de nivelación y los estados pobres reciben de este fondo. En Suiza, el nuevo programa de nivelación vigente a partir de 2008 establece un fondo mixto de contribuciones del gobierno federal y los cantones más ricos.

Hay una gran diversidad en los acuerdos constitucionales para diseñar, establecer y administrar estos programas en los países federales. Brasil, España, la India, Nigeria y Sudáfrica consideran una gran cantidad de factores de capacidad y necesidad fiscales para determinar participaciones estatales equitativas en un programa de participación en los ingresos. Malasia aplica subsidios per cápita y Rusia, un programa híbrido de nivelación de la capacidad fiscal. Los programas de nivelación fiscal en Canadá y Alemania nivelan la capacidad fiscal hasta cierto grado. El programa australiano es más amplio y nivela tanto la capacidad como las necesidades fiscales de los estados australianos, con la restricción de un fondo total de ingresos por concepto del impuesto sobre bienes y servicios.

Las implicaciones para la equidad y la eficiencia de los actuales programas de nivelación son motivo de debate continuo en la mayoría de los países federales. En Australia, la complejidad introducida por la compensación de las necesidades de gasto es una importante fuente de descontento con la fórmula actual. En Canadá, la propiedad provincial de los recursos naturales es una de las principales causas de las disparidades fiscales provinciales y, por otro lado, el manejo de los ingresos procedentes de los recursos naturales en el programa de nivelación sigue siendo polémico. En Alemania y España, la aplicación de demasiadas fórmulas de nivelación progresiva provocan un vuelco en la suerte de algunas jurisdicciones ricas. En el pasado, en Alemania, algunos *Länder* han llevado este asunto ante el Tribunal Constitucional para limitar sus contribuciones al fondo de nivelación. En Brasil, la India, Malasia, Nigeria, Rusia y Sudáfrica se genera una gran controversia y debate por el impacto de los programas actuales en la equidad y la eficiencia.

3. Prudencia y disciplina fiscales dentro del federalismo de "cada quien se vale por sí mismo"

La indisciplina fiscal en los niveles subnacionales es un asunto que preocupa a los países federales ante la combinación de una considerable autonomía fiscal con la oportunidad de un rescate federal. En las federaciones maduras, la coordinación de la política fiscal para mantener una disciplina fiscal se ejerce mediante el federalismo ejecutivo y legislativo, así como mediante normas fiscales formales e informales. En años recientes, las normas fiscales legisladas han sido objeto de mayor atención. Estas normas adoptan la forma de controles del equilibrio presupuestario, restricciones a la deuda, controles tributarios o de gasto, y referendos sobre nuevas iniciativas en materia de impuestos y gasto. La mayoría de las federaciones maduras también tienen disposiciones de "no rescate" en el establecimiento de bancos centrales. Si existe una garantía de rescate explícita, o incluso implícita, y créditos preferenciales del sector bancario, es posible que los gobiernos nacionales emitan moneda, con lo que alimentan la inflación. Las experiencias recientes con los programas de ajuste fiscal indican que las normas fiscales legisladas, si bien son innecesarias e insuficientes para un ajuste fiscal exitoso, pueden ser de utilidad para forjar un compromiso político sostenido que permita lograr mejores resultados fiscales, en especial en países con instituciones políticas divisivas o regímenes de coalición. Por ejemplo, estas normas pueden ser útiles para mantener el compromiso político con la reforma en países con representación proporcional (Brasil), países con gobiernos de coalición multipartidistas (la India) o países con separación de las funciones legislativa y ejecutiva (Estados Unidos, Brasil). Las normas fiscales en estos países pueden ayudar a limitar la política con fines electorales y, con ello, mejorar la disciplina fiscal, como lo han demostrado las experiencias en Brasil, la India, Rusia y Sudáfrica. Australia y Canadá obtuvieron los mismos resultados sin tener ninguna norma fiscal legislada, mientras que la disciplina fiscal sigue siendo un problema en Alemania, aunque este país sí cuenta con normas fiscales legisladas. La experiencia suiza es la más ilustrativa de una disciplina fiscal sostenida. Hay dos mecanismos importantes que crean incentivos para los cantones con objeto de mantener la disciplina fiscal. En primer lugar, los referendos fiscales ofrecen a los ciudadanos la oportunidad de vetar cualquier programa de gobierno. En segundo lugar, la disposición legal establecida en algunos cantones para reservar una fracción del superávit fiscal en los buenos tiempos funciona como un "freno para la deuda" en días difíciles.

4. Competencia intergubernamental

La competencia entre los gobiernos estatales y locales es algo bastante común en la mayoría de los sistemas federales. Esto ocurre por medio del cabildeo en favor del empleo, lo que genera proyectos federales o del sector privado, entre otros, bases militares; fomento de la inversión nacional y la inversión extranjera directa; suministro de incentivos y subsidios para atraer capital y mano de obra; suministro de infraestructura pública para facilitar la ubicación de las empresas; suministro de una lista de opciones diferenciadas para los servicios públicos locales; trámites simplificados de licencias y registros; y muchas otras maneras de manifestar una política de puertas abiertas para capital nuevo y fuerza laboral calificada. Los gobiernos estatales y locales también compiten entre sí para erigir barreras comerciales y arancelarias con la intención de proteger la industria y las empresas locales. También tratan de ganar en la competencia de exportar cargas tributarias a no residentes y obtener una mayor participación de las transferencias fiscales federales cuando es factible.

Preservar la competencia intergubernamental y la toma de decisiones descentralizada es importante para tener en los países federales una gobernabilidad sensible y que rinda cuentas. Las experiencias de Suiza y Estados Unidos ponen de manifiesto los efectos positivos de esta competencia. Las políticas de "empobrecer al vecino" pueden socavar estos logros en la toma de decisiones descentralizada, como lo indica la reciente experiencia española de "carrera hacia el fondo". Para superar esto, el planteamiento de una alianza que facilite una unión económica común mediante la libre movilidad de factores asegurando normas mínimas comunes en los servicios públicos, el desmantelamiento de las barreras al comercio y un acceso más amplio a la información y la tecnologías, ofrece la mejor opción en materia de políticas para la integración regional y la cohesión interna en el seno de las naciones federales. No es cuestión de elegir entre competir o cooperar, sino de cómo asegurar que todos los participantes compitan y cooperen, sin hacer trampa.

Comentarios finales

Los países federales examinados en esta publicación han mostrado una notable capacidad para adaptarse y enfrentar los nuevos retos en el federalismo fiscal. Aunque los retos que afrontan pueden ser muy similares, las soluciones que descubren y aplican son siempre únicas y locales. Se trata de un testimonio excepcional del triunfo del federalismo en su búsqueda incesante de equilibrio y excelencia con una gobernabilidad sensible, responsable y que rinde cuentas. Seguimos avanzando en el largo camino hacia nuevas alturas en la gobernabilidad inclusiva.

Glosario

ASISTENCIA SOCIAL   programa social reglamentario cuyos beneficiarios reciben pagos por satisfacer ciertos criterios de necesidad establecidos.

AUTONOMÍA EN LOS INGRESOS   véase "autonomía fiscal".

AUTONOMÍA FISCAL   derecho de un orden de gobierno a aumentar sus ingresos fiscales manejando sus bases impositivas como lo considere adecuado y a financiar sus necesidades de gasto, en vez de depender de las transferencias intergubernamentales o la participación en los ingresos. Confróntese con "desequilibrio fiscal vertical".

BASE IMPOSITIVA   actividad económica particular sobre la que se grava un impuesto.

CANTÓN   nombre de la segunda esfera de gobierno en Suiza. Véase también "esferas de gobierno".

CAPACIDAD FISCAL   ingresos potenciales de los que dispone un gobierno de acuerdo con las bases impositivas que le corresponden.

CARRERA HACIA EL FONDO   tendencia prevista para el federalismo competitivo, cuya consecuencia es la reducción cada vez mayor de las tasas impositivas de las distintas unidades subnacionales y una reglamentación protectora con objeto de atraer inversiones.

COMPETENCIA EXCLUSIVA   facultad asignada exclusivamente a un orden de gobierno en una federación y no ejercida de manera concurrente.

COMPETENCIA FISCAL   reducción o eliminación de impuestos para atraer inversiones o una reubicación. Véase "federalismo competitivo".

COMUNIDAD AUTÓNOMA   nombre de la segunda esfera de gobierno en España; equivale a una provincia o estado en otras federaciones.

CONSTITUCIÓN FISCAL   normas que rigen la distribución de facultades para la recaudación de impuestos entre los órdenes de gobierno de una federación.

CONTROL DEL TIPO DE CAMBIO   ley que establece el valor al que la moneda nacional se puede cambiar por divisas o la cantidad de moneda que se puede cambiar.

COORDINACIÓN FISCAL   acuerdos para coordinar las políticas tributarias y de gasto entre los órdenes de gobierno de una federación.

CRÉDITO FISCAL   pago disponible para beneficiarios definidos mediante el sistema tributario que, a diferencia de las deducciones fiscales, no requiere que se hayan pagado impuestos por el beneficio que se obtendrá.

DERECHOS DE ADUANA   impuesto cobrado sobre bienes importados en el punto de entrada a un país o jurisdicción.

DESCENTRALIZACIÓN   transferencia de facultades del gobierno central o nacional a los gobiernos subnacionales de una federación.

DESCENTRALIZACIÓN FISCAL   atribución de una mayor facultad para la recaudación de impuestos a las unidades subnacionales de una federación.

DESIGUALDAD VERTICAL Y HORIZONTAL   Diferencia en patrimonio y capacidad fiscal en el plano vertical entre las esferas de gobierno y en el plano horizontal entre las jurisdicciones subnacionales pertenecientes a la misma esfera.

DEVALUACIÓN (MONEDA)   ajuste a la baja en el tipo de cambio oficial de manera que una moneda vale menos en comparación con otras monedas; a menudo se aplica para corregir una sobrevaluación.

DISCIPLINA FISCAL   hecho de que el gobierno evite déficits presupuestarios o deuda excesivos o sostenidos. Véase también "responsabilidad fiscal" o "finanzas saneadas".

DISPARIDAD FISCAL   diferencias en la capacidad de recaudación de ingresos entre las unidades subnacionales de una federación como resultado de los distintos recursos que poseen y la solidez de su economía local.

DIVISA   moneda extranjera obtenida mediante ventas de exportación; brinda capacidad para financiar las importaciones.

ECONOMÍAS DE ESCALA   tendencia para que el costo de producción o prestación de bienes o servicios individuales disminuya al aumentar el volumen hasta cierto punto, con lo que se determina el tamaño óptimo de una planta de producción, empresa u operación gubernamental a fin de lograr eficiencia en los costos.

EMPRESA DE SERVICIOS PÚBLICOS   empresa pública de servicios de transporte, comunicaciones, agua, electricidad o gas que tiene características de un fuerte "monopolio natural" y ofrecen la infraestructura básica para uso de la comunidad y las empresas.

ESFERAS DE GOBIERNO   órdenes de gobierno que existen en una federación. Normalmente el gobierno central o nacional ("federal") es la primera esfera; las unidades constitutivas (estados, provincias, cantones), la segunda; y los gobiernos locales (municipios, comunas, condados, etc.), la tercera. Sin embargo, pueden ser más complejas (por ejemplo, en Rusia).

ESTABILIDAD DE PRECIOS   cambio mínimo en el valor real de la moneda en el transcurso del tiempo, su finalidad es evitar la deflación o la inflación.

ESTABILIZACIÓN MONETARIA   mantenimiento de la estabilidad de los precios en circunstancias de inflación o deflación elevadas. Véase "estabilidad de precios".

ESTADO   nombre de las unidades constitutivas en las federaciones de Australia (6 estados), Brasil (26 estados), India (28 estados), México (31 estados), Nigeria (36 estados) y Estados Unidos de América (50 estados).

FACULTAD DE GASTO   capacidad del gobierno nacional de una federación para ejercer influencia o control sobre asuntos que corresponden a la jurisdicción de los gobiernos subnacionales por medio de recursos financieros superiores; opera mediante la facultad de financiar programas nacionales o la facultad de hacer transferencias condicionadas con apego a las normas nacionales. Se deriva de un desequilibrio fiscal vertical fiscal.

FACULTAD RESIDUAL   facultad no explicitada, pero constitucionalmente asignada a una esfera de gobierno si no se establece expresamente lo contrario.

FEDERALISMO ASIMÉTRICO   se refiere a una distribución desigual o no idéntica de las facultades y responsabilidades entre las unidades constitutivas de un sistema federal, por ejemplo, la mayor autonomía otorgada al País Vasco y Navarra en comparación con el resto de las comunidades autónomas de España.

FEDERALISMO COMPETITIVO   práctica en la que las unidades subnacionales de una federación compiten entre sí para atraer a empresas y personas a invertir en su jurisdicción o reubicarse ahí mediante medidas normativas propiciatorias; también se puede relacionar con la competencia vertical entre los órdenes federal y estatal. Véase también "carrera hacia el fondo".

FEDERALISMO COOPERATIVO   práctica y principio del federalismo moderno, conforme al cual los órdenes de gobierno trabajan en colaboración para coordinar el establecimiento y la aplicación de políticas en áreas de responsabilidad superpuesta. Aunque obligatorio en algunas federaciones (por ejemplo, en las "tareas conjuntas" de Alemania), con mayor frecuencia es una respuesta de los gobiernos para adaptarse a la realidad de la gobernabilidad federal moderna. No conlleva necesariamente una igualdad en facultades y recursos entre los órdenes de gobierno participantes y sí puede representar un ejercicio de "federalismo coercitivo", en el que los recursos o facultades superiores del gobierno central permiten que éste imponga políticas uniformes.

FINANCIAMIENTO DE ARRENDAMIENTO Y ADQUISICIÓN   una de las diversas técnicas de financiamiento en la que los gobiernos contratan empresas del sector privado para construir y establecer infraestructura pública; en este caso, a la larga el gobierno se vuelve dueño de las instalaciones mediante un arrendamiento a largo plazo.

FINANZAS SANEADAS   véase "disciplina fiscal".

GOBIERNO DE COALICIÓN   gobierno ejecutivo compartido por dos o más partidos políticos distintos en virtud de alguna forma de acuerdo.

GOBIERNO FEDERAL   término coloquial y en ocasiones oficial aplicado al gobierno nacional de una federación.

GOBIERNO TERRITORIAL   gobierno en las regiones que carecen de la categoría de unidades constitucionales y operan por medio de facultades delegadas.

HOMOLOGACIÓN   establecimiento de normas y reglamentos equiparables entre las unidades constitutivas de un orden político, como alternativa a la uniformidad.

IMPUESTO DE BASE AMPLIA   impuesto no restringido a una actividad económica específica, normalmente el impuesto sobre la renta de personas físicas y sociedades y los impuestos sobre ventas generales (en especial, el IVA).

IMPUESTO DE MANUFACTURA   impuesto indirecto o sobre ventas a la producción de bienes.

IMPUESTO PREDIAL   impuesto sobre terrenos y construcciones, muchas veces determinado como porcentaje del valor calculado y normalmente competencia del orden de gobierno más bajo de una federación.

IMPUESTO PROGRESIVO   impuesto cuya tasa aumenta con el ingreso o el patrimonio de la entidad contribuyente; normalmente los sistemas del impuesto sobre la renta de personas físicas tienen una estructura de tasas progresivas. También se conoce como impuesto gradual.

IMPUESTO SOBRE LA RENTA   impuesto sobre las ganancias, ya sea de personas físicas o sociedades. Véase también "impuestos progresivos".

IMPUESTO SOBRE VENTAS   impuesto gravado sobre el valor de bienes o servicios en el punto de venta, ahora comúnmente adopta la forma de un impuesto al valor agregado general. Véase "IVA".

IMPUESTO SOBRE VENTAS AL VALOR AGREGADO   véase "IVA".

INDÍGENA   1. habitante original de un país o territorio; sustituye la expresión indio (*Indian*) en Canadá (aunque no en Estados Unidos). También comunidades indígenas.

INFLACIÓN   aumento en el precio nominal (es decir, el precio aparente) de bienes y servicios, en contraposición al precio real (es decir, el precio de ciertos bienes y servicios en la economía en relación con otros). Véase también "estabilidad de precios".

INGRESOS ETIQUETADOS   ingresos tributarios de fuentes específicas que deben asignarse a gastos específicos.

IVA (impuesto al valor agregado)   Impuesto sobre el consumo o sobre ventas estructurado de tal forma que los productores de bienes o servicios no pagan impuestos sobre los bienes o servicios que adquieren como insumos, sino que todo el impuesto lo paga el comprador final en el punto de venta. Los gobiernos de Australia y Canadá han designado a sus impuestos al valor agregado nacionales como impuestos sobre bienes y servicios (GST).

LAND   [alemán] nombre dado a las 16 unidades constitutivas de la federación alemana; *Länder* plural.

LIBERALIZACIÓN ECONÓMICA   programa de reducción de la propiedad y la regulación gubernamental de la economía; normalmente realizada mediante la privatización, la desregulación y la eliminación paulatina de aranceles y controles a la importación.

MACROECONÓMICO   concerniente al desempeño general de la economía en función del empleo, la estabilidad de precios y el crecimiento.

MANDATO FEDERAL   ley del gobierno nacional que dispone las tareas que deben ser ejecutadas por los gobiernos subnacionales. En Alemania, establecieron normas o marcos de políticas generales, en particular en áreas donde, de no ser así, la responsabilidad es competencia de los *Länder*. Véase también "mandato sin financiamiento previsto".

MANDATO SIN FINANCIAMIENTO PREVISTO (*UNFUNDED MANDATE*)   Término usado en Estados Unidos para designar los requisitos de prestación de servicios impuestos a los gobiernos estatales o locales sin que se les entregue el apoyo financiero correspondiente.

MONEDA ESTABLE   aquella cuyo valor en relación con los bienes y servicios locales sólo cambia moderadamente con el paso del tiempo en vez de experimentar deflación o inflación elevadas.

MUNICIPIO   ciudad. Véase "esferas de gobierno".

NIVELACIÓN   redistribución formal de los ingresos dentro de una federación para ofrecer un nivel mínimo de dotación de recursos entre las jurisdicciones y, así, asegurar a los ciudadanos un nivel comparable de servicios gubernamentales, independientemente de su lugar de residencia; se conoce técnicamente como "nivelación fiscal horizontal". Se suele basar en una "fórmula" en la que se considera la capacidad de ingresos obtenidos de fuentes propias o los requisitos de gasto (necesidades), o ambos factores, de las diferentes jurisdicciones.

NIVELACIÓN DE LA CAPACIDAD   véase "nivelación".

NIVELACIÓN DE NECESIDADES   véase "nivelación".

NIVELACIÓN FISCAL HORIZONTAL   véase "nivelación".

ÓRDENES DE GOBIERNO   véase "esferas de gobierno".

PAGO PARA FINES ESPECÍFICOS   transferencia intergubernamental sujeta a cualquiera de una serie de condiciones de gasto, normalmente aplicada para lograr objetivos definidos en el ámbito nacional dentro de áreas de jurisdicción subnacional. Normalmente se conoce como subsidio condicionado o subsidio vinculado. Véase "facultad de gasto".

PARTICIPACIÓN EN LOS INGRESOS   acuerdos o requisitos en materia de ingresos derivados de bases impositivas específicas que se repartirán entre las esferas de gobierno de acuerdo con una fórmula establecida.

POLÍTICA DE CONTROL INFLACIONARIO   estrategia de política monetaria que establece un margen admisible dado a conocer públicamente para los índices inflacionarios y deja en claro que las tasas de interés oficiales se ajustarán para asegurar que la inflación no rebase ese umbral.

POLÍTICA FISCAL ANTICÍCLICA   ajuste de los presupuestos gubernamentales para suavizar el ciclo comercial, es decir, atenuar las recesiones manteniendo un déficit para ofrecer un estímulo económico y evitar un recalentamiento manteniendo un superávit. También se conoce como presupuestación anticíclica.

PREEMINENCIA (PREEMPTION)   término dado en Estados Unidos al desplazamiento de las leyes estatales por las nacionales.

PRIVATIZACIÓN   transferencia de los activos propiedad del gobierno al sector privado; se puede lograr mediante la aplicación de medidas parciales que fomentan la operación de las empresas públicas como empresas privadas.

PRODUCTO INTERNO BRUTO (PIB)   producto final total de una economía.

PROVINCIA   nombre que designa a las unidades constitutivas, en lugar de estados, en varias federaciones (Canadá, con 10 provincias; Sudáfrica, con 9); en algunas federaciones designa las divisiones inferiores al orden de las unidades constitutivas (por ejemplo, en España).

REFERENDO FISCAL componente de la práctica suiza de la democracia directa en la que los ciudadanos pueden iniciar y aprobar un referendo para obligar a sus gobiernos en prácticamente todas las materias.

RESPONSABILIDAD FISCAL véase "disciplina fiscal".

SISTEMA CLÁSICO DE FEDERALISMO FISCAL acuerdo mediante el cual los papeles y las responsabilidades se dividen con una claridad razonable entre los órdenes de gobierno, en el que cada orden tiene acceso a los ingresos acordes, aproximadamente, con su carga de gasto.

SISTEMA UNITARIO estado nacional en el que un solo gobierno detenta la soberanía y los gobiernos subnacionales que existan sólo ejercen facultades delegadas.

SOBREVALUACIÓN (MONEDA) establecimiento de un tipo de cambio internacional superior al que establecerían los mercados.

SUBSIDIARIEDAD principio que establece que todas las tareas se deben dejar en manos del orden más bajo de gobierno que pueda cumplirlas eficazmente.

SUBSIDIO CONDICIONADO véase "pago para fines específicos".

SUBSIDIO NO CONDICIONADO transferencia intergubernamental no sujeta a ninguna condición o requisito de gasto. Confróntese con "pago para fines específicos".

TARIFA ELÉCTRICA precio unitario cobrado por la electricidad.

TASA DE INTERÉS OFICIAL tasa de interés "preferencial" o básica cobrada por créditos, según la establecen las acciones de los bancos centrales.

TÍTULO DE DEUDA bono comerciable que devenga intereses vendido para obtener capital en los mercados privados.

TRANSFERENCIA EN BLOQUE transferencia intergubernamental que agrupa varios subsidios antes independientes en una categoría conjunta.

TRIBUNAL CONSTITUCIONAL órgano judicial que ejerce la competencia final sobre asuntos constitucionales, entre ellos, la relación entre los órdenes de gobierno de una federación; se distingue de "suprema corte" o aquella que funge como ápice del sistema jurídico en general. Establecido por primera vez en Austria, hoy tenemos como ejemplos el Tribunal de Arbitraje (*Cour d'arbitrage*) de Bélgica y el Tribunal Constitucional (*Bundesverfassungsgericht*) de Alemania.

TRIBUNAL CONSTITUCIONAL FEDERAL *Bundesverfassungsgericht;* órgano judicial de última instancia en materia de derecho constitucional en Alemania. Véase "tribunal constitucional".

TRIBUNAL SUPREMO DE AUSTRALIA tribunal supremo de derecho constitucional, entre otros, del gobierno federal (Mancomunidad) australiano.

UNIDAD CONSTITUTIVA jurisdicción territorial subnacional que es socio constitucional de una federación. Véase también "esferas de gobierno".

UNIFICACIÓN incorporación del territorio de la antigua Alemania Oriental a la República Federal Alemana en forma de seis nuevos Länder tras el derrumbe del régimen comunista en 1989.

UNIÓN ECONÓMICA grado en el que una federación crea un mercado común ininterrumpido que abarca todas sus unidades constitutivas.

UNIÓN SOCIAL grado en el que una federación establece y mantiene normas comunes de previsión social entre las jurisdicciones.

Colaboradores

RAOUL BLINDENBACHER, vicepresidente, Foro de Federaciones, Canadá/Suiza

ROBIN BOADWAY, profesor, Departamento de Economía, Universidad de Queen's, Kingston, Canadá

ALEXANDER DERYUGIN, líder de equipo de Relaciones Fiscales Intergubernamentales, Centro de Política Fiscal, Moscú, Rusia

AKPAN H. EKPO, vicecanciller, Universidad Estatal Tecnológica de Akwa Ibom, Uyo, Nigeria

LARS P. FELD, profesor, Departamento de Finanzas Públicas, Universidad de Marburg, Alemania

PRABHU GUPTARA, profesor, Universidad de Friburgo, Suiza / Plataforma Wolfsberg para el Desarrollo Empresarial y Ejecutivo

MERL HACKBART, profesor, Escuela de Administración y Economía de Gatton, Universidad de Kentucky, Lexington, Estados Unidos

ABIGAIL OSTIEN KAROS, jefe de programa, Diálogo Global sobre el Federalismo, Foro de Federaciones, Canadá

GEBHARD KIRCHGÄSSNER, profesor, Departamento de Economía, Universidad de St. Gallen, Suiza

GALINA KURLYANDSKAYA, director general, Centro de Política Fiscal, Moscú, Rusia

RENOSI MOKATE, vicegobernador del Banco de la Reserva Sudafricano, Pretoria, Sudáfrica

ALAN MORRIS, presidente, Comisión Federal de Subsidios, Canberra, Australia

FERNANDO REZENDE, profesor, Escuela Brasileña de Administración Pública y Privada, Fundación Getúlio Vargas, Río de Janeiro y Brasilia, Brasil

M. GOVINDA RAO, director, Instituto Nacional de Finanzas y Políticas Públicas, Nueva Delhi, India

SAIFUL AZHAR ROSLY, director de Investigación, El Instituto Malasio de Investigación Económica, Kuala Lumpur, Malasia

ANWAR SHAH, economista líder y líder de programa/equipo, Gobernabilidad en el Sector Público, Instituto del Banco Mundial, Washington D.C., Estados Unidos

JOAQUIM SOLÉ VILANOVA, profesor, Finanzas Públicas, Universidad de Barcelona, España

JÜRGEN VON HAGEN, profesor, ZEI, Universidad de Rheinische Friedrich-Wilhelms, Bonn, Alemania

Expertos participantes

Agradecemos las contribuciones de los siguientes expertos quienes participaron en el tema práctica del federalismo fiscal: perspectivas comparativas. Aunque los participantes aportaron sus conocimientos y experiencia, de ninguna manera son responsables del contenido de este cuaderno.

Mahani Zainal Abidin, National Economic Action Council, Malasia
Sam Adantia, University of Uyo, Nigeria
Rui Affonso, State of Sao Paulo Water and Sanitation Company, Brasil
Tanya Ajam, University of Cape Town, Sudáfrica
Sunday Akpadiaha, Governor's Office, Nigeria
Eme Akpan, University of Uyo, Nigeria
Otoabasi Akpan, University of Uyo, Nigeria
Haji Mohd Aiseri bin Alias, Office of the State Secretary of Kelantan, Malasia
H.K. Amamath, National Institute of Public Finance and Policy, India
Mukesh Anand, National Institute of Public Finance and Policy, India
George Anderson, Foro de Federaciones, Canadá
Bernard Appy, Ministry of Finance, Brasil
Erika Araújo, Economic Consultant, Brasil
Mohamed Ariff, Malasian Institute of Economic Research, Malasia
Balveer Arora, Jawaharlal Nehru University, India
Linus Asuquo, Ministry of Science & Technology, Nigeria
Edet Attih, Ministry of Health, Nigeria
Fabrício Augusto de Oliveira, Fundação João Pinheiro, Brasil
Amaresh Bagchi, National Institute of Public Finance and Policy, India
Simanti Bandyopadhyay, National Institute of Public Finance and Policy, India
Nirmala Banerjee, Sachetna, India
Gary Banks, Productivity Commission, Australia
Raoul Blindenbacher, Foro de Federaciones, Canadá/ Suiza
Robin Boadway, Queen's University, Canadá
Henner-Jörg Boehl, Member of Parliament, Alemania

O.P. Bohra, National Institute of Public Finance and Policy, India
Malcolm Booysen, Government of South Africa, Sudáfrica
Canisius Braun, Cantonal Governments Conference, Suiza
Kenneth Brown, Sudáfrica
Jim Brown, The Council of State Governments, Estados Unidos
Tomás Bruginski de Paula, State of Sao Paulo Company for Partnerships of the
Ministry of Finance, Brasil
Andrei Burenin, State Duma of Russian Federation, Rusia
Michael Butler, Public Sector Policy Analysis, Canadá
Bruce Campbell, Canadian Centre for Policy Alternatives, Canadá
Luis Caramés Viéitez, University of Santiago de Compostela, España
Raimundo Eloy Carvalho, Department of Federal Revenue, Brazil
Antoni Castells Oliveres, Government of Catalunya, España
Lekha Chakraborty, National Institute of Public Finance and Policy, India
Pinaki Chakraborty, National Institute of Public Finance and Policy, India
Don Challen, Department of Treasury and Finance, Australia
Ian Chalmers, Australian Local Government Association, Australia
Diwan Chand, National Institute of Public Finance and Policy, India
Rupak Chattopadhyay, Foro de Federaciones, Canadá
Diana Chebenova, Foro de Federaciones, Canadá
Kamalasen Chetty, Winelands District Municipality, Sudáfrica
Chan Huan Chiang, Universiti Sains Malaysia, Malasia
Mita Choudhury, National Institute of Public Finance and Policy, India
Indrani Roy Chowdhury, National Institute of Public Finance and Policy, India
José Augusto Coelho Fernandes, Confederaçao Nacional da Indústria, Brasil
EM Coleman, Finance, Mpumalanga, Sudáfrica
Thomas J. Courchene, Queen's University, Canadá
David Crawford, National Competition Council, Australia
Eugenia Cuéllar Barbeto, Financial Coordination for Autonomous Communities,
España
Erzol D'Souza, Indian Institute of Management, India
Izzuddin bin Dali, Ministry of Finance, Malasia
Wilson Baya Dandot, Chief Minister's Department, Malasia
Paul Darby, Conference Board of Canada, Canadá
Malti Das, Government of Karnataka, India
Donald Dennison, Next Nouveau Brunswick, Canadá
Alexander Deryugin, Center for Fiscal Policy, Rusia
Santiago Díaz de Sarralde Miguez, Institute of Fiscal Studies, España
Navroz Dubash, National Institute of Public Finance and Policy, India
Harley Duncan, Federation of Tax Administrators, Estados Unidos
Asa Ebieme, Ministry of Culture and Tourism, Nigeria
Festus Egwaikhide, University of Ibadan, Nigeria
Reiner Eichenberger, Université de Fribourg, Suiza
Edet Ekanem, Daily Trust, Nigeria

Glory Ekong, Newsday Publication, Nigeria
Akpan Ekpo, University of Uyo, Nigeria
Ime Ekpoattai, Ministry of Rural Development, Nigeria
Isawa Elaigwu, Institute of Government and Social Resource, Nigeria
Okon Emah, Ministry of Commerce and Industry, Nigeria
Okpongkpong Enobong Kubiat, Ministry of Economic Development, Nigeria
Saul Eslake, Australian & New Zealand Banking Group Limited, Australia
Dominique Faessler, Europartners, Suiza
Patrick Fafard, Intergovernmental Affairs, Privy Council Office, Canadá
Klaus Feiler, Senatsverwaltung für Finanzen, Alemania
Lars P. Feld, University of Marburg, Alemania
Angela Fernandez, Secretaria do Tesouro Nacional, Brasil
Wolfram Försterling, Staatskanzlei Nordrhein-Westfalen, Alemania
William Fox, University of Tennessee, Estados Unidos
Robert Gagné, École des Hautes Études Commerciales, Canadá
Vyacheslav Gaizer, Government of Komi Republic, Rusia
Brian Galligan, University of Melbourne, Australia
Subhash Garg, Government of Rajasthan, India
Sol Garson Braule Pinto, Federal University of Rio de Janeiro, Brasil
Otto-Erich Geske, Staatssekretär a.D., Alemania
Gene Gibbons, Stateline.org, Estados Unidos
Michael Gooda, Cooperative Research Centre for Aboriginal Health, Australia
Anjali Goyal, Government of India, India
Paul Grimes, Department of Treasury, Australia
Fátima Guerreiro, Secretariat of Finance of Bahia, Brasil
Kristi Guillory, The Council of State Governments, Estados Unidos
Theresa Gullo, Congressional Budget Office, Estados Unidos
Manish Gupta, National Institute of Public Finance and Policy, India
Prabhu Guptara, Wolfsberg Platform for Business and Executive Development, Suiza
Merl Hackbart, University of Kentucky, Estados Unidos
Ulrich Haede, Europa-Universität Viadrina, Alemania
Jürgen von Hagen, Zentrum für Europäische Integrations forschung, Alemania
Abd Rahman bin Haji Imam Arshad, Office of the State Secretary of Pahang, Malasia
Tengku Razaleigh Hamzah, Malasia
Jim Hancock, University of Adelaide, Australia
Jan Harris, Department of Prime Minister and Cabinet, Australia
Jamaludin bin Hasan, Office of the State Secretary of Pulau Pinang, Malasia
Luiz Carlos Jorge Hauly, Camara dos deputados, Brasil
Clifford F Herbert, Percetakan Nasional Malaysia Berhad, Malasia
Ana Herrero Alcalde, National University for Distance Education, España
Anton Hofmann, Bayerische Staatskanzlei, Alemania
Rainer Holtschneider, Staatssekretär a.D., Alemania
Rudolf Hrbek, University of Tübingen, Alemania
Gottfried Huba, Staatskanzlei Rheinland-Pfalz, Alemania

Anna Hughes, Australian Local Government Association, Australia
Albert Igudin, Ministry of Finance of Russian Federation, Rusia
Dorothy Jaketa, Local Government and Housing, Sudáfrica
P.R. Jena, National Institute of Public Finance and Policy, India
MEstados Unidoslmah Johan, Malasian Institute of Economic Research, Malasia
Alcides Jorge Costa, National Treasury Secretariat, Brasil
Jaya Josie, Financial and Fiscal Commission, Sudáfrica
Azidin Wan Abdul Kadir, Malasian Institute of Economic Research, Malasia
Ajit Karnik, University of Bombay, India
Abigail Karos, Foro de Federaciones, Canadá
Christian Kastrop, Bundesministerium der Finanzen, Alemania
Beth Kellar, International City/ County Management Association, Estados Unidos
Alexandra Kenney, Lafayette College, Estados Unidos
Bongani Khumalo, Financial and Fiscal Commission, Sudáfrica
Andreas Kienemund, Bundesministerium der Finanzen, Alemania
John Kincaid, Lafayette College, Estados Unidos
Gebhard Kirchgässner, University of St. Gallen, Suiza
Michael Kleiner, Staatsministerium Baden-Württemberg, Alemania
Vladimir Klimanov, Institute of Public Finance Reforms, Rusia
Lee Cheok Kua, Gerakan Belia Bersatu Malaysia, Malasia
Galina Kurlyandskaya, Center for Fiscal Policy, Rusia
Mala Lalwani, University of Bombay, India
Kobi Lambert, Akwa Ibom Investment and Industrial Promotion Council, Nigeria
Aleksey Lavrov, Ministry of Finance, Rusia
Silke Leßenich, Ministerium der Finanzen, Alemania
Edilberto Lima, Câmara dos deputados, Brasil
Elayne Yee Siew Lin, Malasian Institute of Economic Research, Malasia
Wolf Linder, University of Bern, Suiza
Maurício Estellita Lins Costa, Presidência da República, Brasil
Bruce Little, Former Globe and Mail Journalist, Canadá
Ian Little, Department of Treasury and Finance, Australia
John Litwak, World Bank, Moscow Office, Rusia
Alberto López Basaguren, University of País Vasco, España
Guillem Lopez Casasnovas, Pompeu Fabra University, España
Julio López Laborda, University of Zaragoza, España
Javier Loscos Fernández, Institute of Fiscal Studies, España
Doug MacArthur, Simon Fraser University at Harbour Centre, Canadá
L. Ian MacDonald, Institute for Research on Public Policy, Canadá
David MacDonald, Foro de Federaciones, Canadá
Cristina MacDowell, Escola de Administração Fazendária, Brasil
Nadejda Macsimova, State Duma of Russian Federation, Rusia
Sulaiman Mahbob, Integrity Institute of Malaysia, Malasia
Mohd Razali bin Mahusin, Office of the State Secretary of Johor, Malasia
Akhtar Majeed, Hamdard University, India

Debdatta Majumdar, National Institute of Public Finance and Policy, India
Gcobani Mancotywa, First National Bank Public Sector Banking, Sudáfrica
S.K. Mandai, National Institute of Public Finance and Policy, India
O.P. Mathur, National Institute of Public Finance and Policy, India
Ginigene Mbanefois, University of Ibadan, Nigeria
David McLaughlin, Council of the Federation, Canadá
Irina Medina, State Research Institute of System Analysis of the Account Chamber of Russian Federation, Rusia
Peter Meekison, University of Alberta, Canadá
Anthony Melck, University of Pretoria, Sudáfrica
Mónica Melle Hernández, Ministry of Public Administration, España
Gilmar Mendes, Supreme Federal Tribunal, Brasil
Marcos Mendes, Senado Federal, Brasil
Hans Meyer, Humboldt-University, Alemania
John Milne, Capitol Management, Estados Unidos
Stanislav Mironov, Government of Astrakhan Oblast, Rusia
Sergey Miroshnikov, Ministry of Regional Development of Russian Federation, Rusia
Peter Mischler, Université de Fribourg, Suiza
Jorge Khalil Miski, MF-STN, Brasil
Sergey Mitrohin, Rusian Democratic Party "Yabloko," Russia
Modise Moatlhodi, First National Bank Public Sector Banking, Sudáfrica
Mustapa bin Mohamed, National Economic Action Council, Malasia
Renosi Mokate, Financial and Fiscal Commission, Sudáfrica
Gugu Moloi, Umgeni Water, Sudáfrica
Mônica Mora, Institute for Applied Economics, Brasil
Alan Morris, Commonwealth Grants Commission, Australia
Walter Moser, Federal Tax Administration, Suiza
Hiranya Mukhopadhyay, Asian Development Bank, India
Rinku Murugai, The World Bank, India
Carlos Mussi, Organização das Nações Unidas, Brasil
Suresh Narayanan, University of Malaysia, Malasia
Gautam Naresh, National Institute of Public Finance and Policy, India
Ramon Navaratnam, The Sunway Group, Malasia
Neva Nhlanhla, Congress of South Africa Trade Unions, Sudáfrica
James Nkoana, Univeristy of Cape Town, Sudáfrica
Phang Siew Noi, University of Malaysia, Malasia
Alain Noël, Université de Montréal, Canadá
Aleksey Novikov, Standard & Poors Russia, Rusia
Nsudoh Nsujoh, University of Uyo, Nigeria
Festus Odoko, Central Bank of Nigeria, Nigeria
Donatus Okon, Ministry of Finance, Akwa Ibom State Government, Nigeria
Nice Okure, Akwa Ibom Investment and Industrial Promotion Council, Nigeria
Juan José Otamendi García-Jalón, Financial Coordination for Autonomous Communities, España

Ramlan bin Othman, Office of the Chief Minister of Selangor, Malasia
Aris bin Othman, Malasian Airports Holdings Berhad, Malasia
James Overly, The Washington Times, Nigeria
André Luiz Barreto de Paiva Filho, Ministério da Fazenda, Brasil
Rita Pandey, National Institute of Public Finance and Policy, India
Luciano Patrício, Ministério da Fazenda, Brasil
David Peloquin, Secretariat to the Expert panel on Equalization and Territorial Formula Financing, Canadá
Ramón Pérez Pérez, Ministry of Public Administration, España
Jeffrey Petchey, Curtin University of Technology, Australia
Myron Peter, Financial and Fiscal Commission, Sudáfrica
Marcelo Piancastelli, Institute for Applied Economics, Brasil
Tatiana Pogorelova, Government of Stavropol Krai, Rusia
Paul Posner, U.S. Government Accountability Office, Estados Unidos
Sergio Prado, Sao Paulo State University at Campinas, Brasil
Jennifer Prince, The Treasury, Australia
Adroaldo Quintela, Secretariat for Federative Affairs, Brazil
José Roberto R. Afonso, Banco Nacional de Desenvolvimento Econômico e Social e Camara dos Deputados, Brasil
Vyacheslav Ragozin, Government of Republic of Karelia, Rusia
Indira Rajaraman, National Institute of Public Finance and Policy, India
Subba Rao, Economic Advisory Council to the Prime Minister, Government of India, India
Govinda Rao, National Institute of Public Finance and Policy, India
Kavita Rao, National Institute of Public Finance and Policy, India
S.K Rao, College of India, India
Bhujanga Rao, National Institute of Public Finance and Policy, India
V.I. Ravishankar, The World Bank, India Office, India
Odoukpo Regina Oliver, Ministry of Economic Development, Nigeria
Ross Reid, Government of Newfoundland and Labrador, Canadá
Wolfgang Renzsch, University of Magdeburg, Alemania
Fernando Rezende, Getulio Vargas Foundation Rodolfo Tourinho, Brasil
Maureen Riehl, National Retail Federation, Estados Unidos
Jürgen Rinne, Mitarbeiter der SPD-Fraktion im Deutschen Bundestag, Alemania
Horst Risse, Sekretariat des Bundesrates, Alemania
M. Elvira Rodríguez Herrer, Spanish Congress, España
José Antonio Roselló Rausell, Government of the Balears Islands, España
Saiful Azhar Rosly, Malasian Institute of Economic Research, Malasia
Jesús Ruiz-Huerta Carbonell, Institute of Fiscal Studies, España
Kubah Saleh, National Youth Council of Nigeria, Nigeria
Javier Salinas Jiménez, Institute of Fiscal Studies, España
Ismail Md Salleh, International University College of Technology Twintech, Malasia
I.V.M. Sarma, University of Hyderabad, India
Tony Saviour, Nigerian Television Authority, Nigeria

Upinder Sawhney, Punjab University, India
Christoph Schaltegger, Federal Tax Administration, Suiza
Robert Searle, Commonwealth Grants Commission, Australia
Kala Seetharam Sridhar, National Institute of Public Finance and Policy, India
Helmut Seitz, Technische Universität Dresden, Alemania
Tapas Sen, National Institute of Public Finance and Policy, India
Bethuel Sethai, Financial and Fiscal Commission, Sudáfrica
Anwar Shah, World Bank Institute, Estados Unidos
Enid Slack, University of Toronto, Canadá
Alba Solà Pagès, University of Barcelona, España
Joaquim Solé-Vilanova, University of Barcelona, España
John Spasojevic, Commonwealth Grants Commission, Australia
Dan Sprague, The Council of State Governments, Estados Unidos
Christine Steinbeiß-Winkelmann, Bundesministerium der Justiz, Alemania
Carl Stenberg, University of North Carolina at Chapel Hill, Estados Unidos
France St-Hilaire, Institute for Research on Public Policy, Canadá
Syed Unan Mashri bin Syed Abdullah, Office of the State Secretary of Kedah, Malasia
Stepan Titov, World Bank, Moscow Office, Rusia
Jose Manuel Tránchez Martín, National University for Distance Education, España
Ibia Trenchand Okon, Ministry of Finance, Akwa Ibom State Government, Nigeria
Ilya Trunin, Institute for the Economy in Transition, Rusia
David Tune, The Treasury, Australia
Bernard Turgéon, Quebec Ministry of Finance, Canadá
Iniobong Udoh, Nigeria Television Authority, Nigeria
Monday Udoka, Bureau of Cooperative Development, Nigeria
Thorsten Uehlein, University of St. Gallen, Suiza
Ebebe Ukpong, Ministry of Economic Development, Nigeria
Umana O. Umana, Ministry of Finance, Nigeria
Okon Umoh, University of Uyo, Nigeria
Enubong Uwah, National Youth Council, Nigeria
Uwatt B. Uwatt, University of Uyo, Nigeria
Renato Villela, Institute for Applied Economics, Brasil
Renuka Viswanathan, Planning Commission, Government of India, India
Juergen von Hagen, Zentrum für Europäische Integrationsforschung, Alemania
Pang Teck Wai, Ministry of Industrial Development Sabah, Malasia
Roger Wilkins, Government of New South Wales, Australia
Jim Wright, Department of Treasury and Finance, Australia
Galina Yudashkina, Government of Russian Federation, Rusia
Andrei Yurin, Ministry of Finance of Russian Federation, Rusia
Zainal Aznam Yusof, Gouvernement de Malaisie, Malasia
Farah Zahir, The World Bank, Indian Office, India
Florian Ziegenbart, Universität Tübingen, Alemania

Publicaciones disponibles en español

 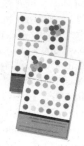

**Diálogos sobre orígenes, estructura y cambio constitucionales
en países federales**
Compiladores: Raoul Blindenbacher y Abigail Ostien

**Diálogos sobre distribución de facultades y responsabilidades
en países federales**
Compiladores: Raoul Blindenbacher y Abigail Ostien

**Diálogos sobre gobernabilidad legislativa, ejecutiva y judicial
en países federales**
Compiladores: Raoul Blindenbacher y Abigail Ostien

**Diálogos sobre la práctica del federalismo fiscal:
perspectivas comparativas**
Raoul Blindenbacher y Abigail Ostien Karos

Diálogos sobre las relaciones exteriores en países federales
Compiladores: Raoul Blindenbacher y Chandra Pasma

 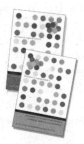

Publicaciones disponibles en inglés

Handbook of Federal Countries, 2005
Edited by Ann L. Griffiths, Coordinated by Karl Nerenberg

*An indispensable reference book on the developments, political dynamics,
institutions, and constitutions of the world's federal countries.*

Published for the Forum of Federations

For more than two centuries federalism has provided an example of how people can live
together even as they maintain their diversity. The Handbook of Federal Countries, 2005
continues the tradition started by the 2002 edition, updating and building on
the work of Ronald Watts and Daniel Elazar in providing a comparative examination
of countries organized on the federal principle.

Unique in its timely scope and depth, this volume includes a foreword by former
Forum President Bob Rae that reflects on the importance of the federal idea in
the contemporary world. New comparative chapters examine the recent draft
constitutional treaty in Europe and the possibility of federalism being adopted
in two countries with longstanding violent conflicts–Sri Lanka and Sudan.

As a project of the Forum of Federations, an international network on federalism
in practice, the 2005 handbook is an essential sourcebook of information, with maps
and statistical tables in each chapter.

ANN GRIFFITHS is Professor, Dalhousie College of Continuing Education, Dalhousie
University.
KARL NERENBERG is former Director of Public Information and Senior Editor,
Forum of Federations.

0-7735-2888-1
6 x 9   488pp   30 maps

Publicaciones disponibles en inglés

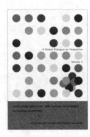

The Practice of Fiscal Federalism: Comparative Perspectives
Edited by Anwar Shah
Senior Editor, John Kincaid

Published for the Forum of Federations and the International Association of Centers for Federal Studies (IACFS)
Global Dialogue on Federalism, Book Series, Volume 5

Examines the constitutional assignment and the practice of taxing, spending and regulatory responsibilities by various orders (federal, state/provincial and local/municipal) of government and the associated fiscal arrangements in 12 federal democracies: Australia, Brazil, Canada, Germany, India, Nigeria, Russia, South Africa, Spain, Switzerland, and the United States of America. Leading scholars and practitioners reflect upon the structures and processes of intergovernmental fiscal relations and their relevance in securing a common economic union and improving social outcomes for all. Contributors provide a fascinating account of how governments in federal countries are confronting challenges arising from globalization and citizen empowerment from the information revolution by redefining the roles and relationships of various orders and adopting local solutions to strengthen trust and retain relevance in the lives of their citizenry.

Authors include: Robin Boadway, Alexander Deryugin, Akpan H. Ekpo, Lars P. Feld, William Fox, Prabhu Guptara, Merl Hackbart, Gebhard Kirchgässner, Galina Kurlyandskaya, Renosi Mokate, Alan Morris, Fernando Rezende, M. Govinda Rao, Saiful Azhar Rosly, Joaquim Solé Vilanova, Jürgen von Hagen

JOHN KINCAID is Professor of Government and Public Service and director of the Robert B. and Helen S. Meyner Center for the Study of State and Local Government at Lafayette College, Easton, Pennsylvania.
ANWAR SHAH is Program Leader, Public Sector Governance at the World Bank Institute, Washington D.C., USA.

September 2006
6 x 9 12 maps

Federaciones: lo nuevo del federalismo en el mundo

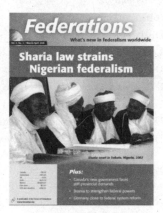

Compiladore: Rod Macdonell

Publicada tres veces al ãno

- A specialized magazine, geared toward practitioners of federalism, with stories on current events in federal countries and how these relate to their federal systems of government
- Theme-related articles that explore specific aspects of federal governance worldwide
- Each issue offers a snapshot of federalism in its current state around the world

I really enjoy reading the magazine. When I have finished reading an edition I have the sure sense that I am aware of the important events that are happening in most of the world's federations.
                                                    - Arnold Koller, former President of Switzerland

- -

FORMATO DE PEDIDO: Envíe por fax a   +1 (613) 244-3372
Favor de cargarme (seleccione uno):
❑ $25 CDN anuales en Canada; ❑ €20 en la eurozona; ❑ $25 USD. Otro lugar
A: ❑ Visa # _____   ❑ Mastercard # _____
        Fecha de expiraci: _____
Nombre: _____
Organización: _____
Dirección: _____
Ciudad/Provincia o Estado: _____
País: _____   Código Postal: _____
Teléfono: _____   Correo electrónico: _____

McGill-Queen's University Press

Favor de enviarme:

_____ Constitutional Origins, Structure, and Change ... (2916-0, Vol. 1) $ _____

_____ Distribution of Powers and Responsibilities ... (2974-8, Vol. 2) $ _____

_____ Legislative, Executive and Judicial Governance ...(3163-7, Vol. 3) $ _____

_____ Diálogos sobre orígenes, estructura y cambio... (3313-4, Vol. 1) $ _____

_____ Diálogos sobre distribución de facultades ... (3314-1, Vol. 2) $ _____

_____ Diálogos sobre gobernabilidad legislativa, ...(3315-8, Vol. 3) $ _____

_____ Diálogos sobre la práctica del federalismo fiscal ...(3316-5, Vol. 4)$ _____

_____ Diálogos sobre las relaciones exteriores ... (3317-2, Vol. 5)　$ _____

Costo postal:

América del Norte: $5.00 por el primer libro, $1.50 por libro adicional.

Extranjero: $5.50 por el primer libro, $2.00 por libro adicional　　$ _____

Subtotal　　　　　　　　　　　　　　　　　　　　　　　　$ _____

Residentes de California/Estado de Nueva York favor de
agregar 8.25% por impuesto sobre ventas　　　　　　　　　　$ _____

Residentes de Canadá favor de agregar 7% por GST
(Número de GST R132094343)　　　　　　　　　　　　　　$ _____

Total　　　　　　　　　　　　　　　　　　　　　　　　　$ _____

Envíe su orden a:
Direct Sales Manager, McGill-Queen's University Press
3430 McTavish Street, Montreal, QC H3A 1X9 Canada

La orden de compra deberá estar acompañada por el pago o la información
de su tarjeta de crédito

☐ Cheque/giro postal (a nombre de McGill-Queen's University Press).

☐ VISA　　　　　☐ MasterCard

_____

Número de tarjeta de crédito　　　　　　　　　Fecha de expiración

_____

Firma

_____

Teléfono/Correo electrónico

Enviar libro(s) a:

_____

Nombre

_____

Calle

_____

Ciudad Provincia/Estado Código postal

www.mqup.ca

Notas

Notas

Notas

Notas